京津冀器物史话

赵华 著

燕山大学出版社
·秦皇岛·

总序

总　序

　　燕山大学出版社与本丛书主编共同推出的"燕山史话丛书",选题新颖,涵盖广泛,是一套普及性的学术丛书。

　　"骏马秋风冀北,杏花春雨江南",道出南北地理文化巨大的差异。读赏古代诗歌名作,"燕山"地名给读者留下三个深刻印象。一是北方边塞的风雪奇寒,如唐李白《北风行》:"燕山雪花大如席,片片吹落轩辕台。"二是与北方游牧民族相邻,如北朝乐府《木兰诗》:"旦辞黄河去,暮至黑山头,不闻爷娘唤女声,但闻燕山胡骑鸣啾啾。"三是北方边塞战场的代名词,如唐李贺《马诗二十三首·其五》:"大漠沙如雪,燕山月似钩。何当金络脑,快走踏清秋。"与"燕山"同类的文化地理名词是"冀北"和"辽西",常用来摹写征人思妇的刻骨思念之情,如唐高适《燕歌行》:"少妇城南欲断肠,征人蓟北空回首。"唐金昌绪《春怨》:"打起黄莺儿,莫教枝上啼。啼时惊妾梦,不得到辽西。""冀北""辽西"在历史上都曾在燕国的版图之内。

"燕山史话"写作的地域范围就限定在燕赵大地，即今天的京津冀地区。

一、胡焕庸线、400毫米等降水量线、燕山长城与京津冀文化

中国地理学家胡焕庸在1935年提出划分中国人口密度的一条对比线，被地理学界称为"胡焕庸线"，这条线是从黑龙江省瑷珲（今黑河市南）到云南省腾冲之间划一条连线，大致为倾斜45度直线。这是中国人口发展水平和经济社会格局的分界线，不仅是中国气候环境的过渡带，还对中国人口分布和区域发展具有重要约束作用，把全国划分为东南半壁和西北半壁：前者占全国国土面积36%、占总人口96%，以平原、水网、丘陵等地貌为主要地理结构，自古以农耕为经济基础；后者人口密度极低，占有全国国土面积的64%，却只有全国人口的4%，乃草原、沙漠和雪域高原的世界，自古以来是游牧民族的天下。胡焕庸线在某种程度上也成为中国城镇化水平的分割线：这条线的东南各省区市，绝大多数城镇化水平高于全国平均水平；而这条线的西北各省区市，绝大多数城镇化水平低于全国平均水平。

在中国地图上，将年降水量为400毫米的点连起来，大兴安岭西坡—张家口—兰州—拉萨—喜马拉雅山脉东部，气象学界称

之为"400毫米等降水量线"。这条重要的地理分界线，是半湿润区和半干旱区的分界线，也是森林植被与草原植被的分界线。

翻开当代地图，我们会看到，京津冀地区恰好处在胡焕庸划分出的东南半壁，而明代燕山长城几乎就落在400毫米等降水量线上。这惊人的吻合，说明古人睿智地知晓农牧交错带的位置，正因如此，他们才将长城这道防御工程建在这里。

在中国历史上，京津冀是农耕、游牧两大文明系统之间碰撞、交流与融合的地区，也是多民族文化发展的重要区域，历史文化悠久而丰厚。先秦时期，燕地在原有燕氏族文化的基础上，吸收融合了东胡、山戎等北方部族文化，形成了燕文化。从魏晋南北朝到隋唐时期，北方少数民族大举南下，入主中原，幽蓟地区轮番被北方民族和中原政权占领，致使胡汉杂居的社会文化现象更为突出。

另外，京津冀地区是中国近现代工矿、交通、商贸重要的发源地之一，是中国近现代学术、教育、思想、文化最活跃的区域之一，也是近代史上众多具有划时代意义的重大历史事件的发生地。在工业方面，有天津机器局、直隶模范纺纱厂、唐山机车厂、启新洋灰公司等；矿业有开平矿务局、井陉煤矿、磁县煤矿、平泉铜矿等；现代交通则有京承铁路、京汉铁路、京奉铁路、京绥铁路等。京津冀地区是近代学术文化最活跃的区域之一，众多高校云集，如燕京大学、清华大学、北洋大学、南开大学；也是众多学术大师汇集之地，如清华"国学四大导师"、胡适、蔡元培等。京津冀地区还是近代革命活动及重大事件的发生地，五四运动、一二·九运动、七七事变、北平和平解放、开国大典等事件均发生于此。

二、燕山山脉与燕山文化

燕山山脉位于北京市、天津市和河北省的北部，为中国北部著名山脉之一。它西起北京市的关沟地区，东至渤海湾畔秦皇岛市。其西翼支脉别称军都山，潮白河河谷以东为燕山主脉。海拔在400—2200米之间，主峰雾灵山在河北省兴隆县境，海拔2116米。滦河切断山体，形成峡口——喜峰口，潮河切割，形成古北口等，自古为南北交通孔道。

燕山山脉，山势陡峭，地势西北高，东南低，北缓南陡，沟谷狭窄，地表破碎，雨裂冲沟众多。以潮河为界分为东、西两段，东段多低山丘陵，海拔一般1000米以下，西段为中低山地，一般海拔1000米以上，山脉间有承德、平泉、滦平、兴隆、宽城、延庆、宣化、遵化、迁西等盆地或谷地，为燕山山脉中主要农耕地区。

燕山沿山脊筑有长城，地势险要。居庸关、古北口、黄崖关、

总序

喜峰口、山海关是燕山长城的重要关隘。在古代与近代战争中，燕山是兵家必争之地。燕山山脉最东端的山海关，是沟通东北、华北两地的咽喉，自古以来就是由东北地区进入华北地区的重要通道。燕山地区水资源丰厚，蓄水量超过20亿立方米的大型水库有三座：密云水库、官厅水库和潘家口水库。

南北气候的差异在燕山南北形成迥然不同的地理特征和社会文化模式。山之北，高原苦寒，干旱少雨，游牧民族逐水草而居，马背上的民族，迁徙不定；山之南，农耕社会安土重迁，肥沃的山林和平原适宜五谷百果的生长。处于山北的社会力量，常存跨越燕山掠取南面土地的觊觎；而护卫家园，抵御入侵，则是山南政权长期面临的考验。几千年来，炊烟与烽火、干戈和玉帛，在这片山脉中交替呈现。

燕山山脉是华北平原北部的重要屏障，自西周北京地区建立燕国（都城在今北京房山）、蓟国（都城在今北京城区）时，直到宋代，都是中原统一王朝的北部边疆，是抵御北部草原民族、东北地区少数民族南侵的天然屏障。因此，历代朝廷极其重视燕山的"天险"作用，为防御北部少数民族的侵扰，保障有序往来，在燕山山脉大规模修建长城，设立关口，直到明代。长城是燕山山脉现存最大规模的世界文化遗产。

自金代在北京建都（金中都）之后，经历元明清三代，北京一直为帝王专制王朝的国都。明代，皇家陵寝选在离都城不远的北偏西方向，被认为风水极好的燕山浅山地区，即明十三陵。清代，皇帝在北京的东北方向燕山北侧（今承德地区）设围场，一方面用于打猎练兵，另一方面为与北部草原蒙古族交融交好，在承德选址建造行宫，以方便处理朝政外交和避暑休闲——这就是承德避暑山庄。

京津冀地区有19个国家级地质公园，包括两个世界地质公园，燕山山脉就有7个，占1/3以上；京津冀地区有12处世界文化遗产，燕山山脉就有4处（项），占1/3；京津冀地区有21家5A级景区，燕山山脉就有8家，占1/3以上。由此可见，燕山山脉集聚了京津冀1/3地质地貌和历史文化的顶级旅游资源，是呈现燕赵文化、长城文化、京畿文化、直隶文化、京津冀文化的典型文化景观。

三、传统的燕赵文化

古燕赵文化区包括今河北省以及陕西、山西、河南、山东、内蒙古的部分地区。北京是燕文化的中心区域，与河北省南部以邯郸为代表的赵文化共同构成了燕赵文化区。元明清三朝定都北京，对河北燕赵大地的政治地位、经济发展、社会生活以及风俗民情等等，都产生了直接而深远的影响。此前作为游牧与农耕文

总序

化接合部的河北大地，由游牧部族入侵中原的跑马场，变成了京师文化辐射的京畿地区。河北地域在承继燕赵历史文化传统与精神的同时，又不断吸收京师文化内涵，融入皇权文化、精英文化和满蒙文化的诸多要素。

燕赵文化，是战国时期在燕国和赵国疆域内产生的一种区域文化。其四至范围是：南以黄河、东以渤海、西以太行、北以燕山为界。燕赵区域属于平原地区的农耕文化。燕文化形成，以燕昭王延揽人才、报复伐齐和燕太子丹谋刺秦王为主要标志，形成慷慨悲歌的文化特征；而赵文化则以赵武灵王胡服骑射为代表，体现注重实用、勇于改革的精神。胡服，指西北戎狄之短衣窄袖的服装，与中原汉族宽衣博带长袖大不相同。骑射，指周边游牧部族的马射（即骑在马上射箭），有别于中原地区传统的步射（徒步射箭）。从此，赵国军装改进为短衣窄袖，轻便灵活；相应的战争方式由步射转为骑战，这种大刀阔斧的改革为国家的稳固和发展奠定了基础。

从地理环境和生产方式上看，燕赵文化与其相邻的三晋、关中、中原、齐鲁等区域文化大体趋同；但从文化特征上看，燕赵文化的典型特征就是慷慨悲歌、豪气任侠。这种独特的文化特征形成于战国时期，至隋唐时期仍为人所称道，到明清时期其遗响仍存在，形成悠久而稳定的文化传统——既不同于中原文化、关陇文化，又与齐鲁文化、江浙文化大异其趣。太行山和燕山山脉是燕赵区域的西界和北界，成为除黄河以外界定燕赵区域重要的地理标志。

四、京畿文化的渊源

清代直隶省以今京津冀地区为主，作为畿辅重地，因地理位置的特殊，加之复杂的人口构成和人文环境，其治理难度远超其他省份，故直隶总督又称"八督之首、疆臣领袖"。其辖域范围和行政职能，正如设在保定的直隶总督署大门楹联所书：北吞大漠，南亘黄河，中更九水合流，五州称雄，西岳东瀛一屏障；内修吏治，外肄戎兵，旁兼三口通商，一代名臣，曾前李后两师生。其中"曾前李后两师生"指曾经担任直隶总督的晚清名臣曾国藩和李鸿章师生二人。

"京畿"本义是指国都及其附近的地区，特指以我国古代金、元以来都城北京为核心的周围地区，大致相当于今天北京、天津、河北三省市所在的区域。京津冀地区人口加起来有1亿多，土地面积有21.6万平方千米。地缘相接、人缘相亲，地域一体、文化一脉，历史渊源深厚，完全能够相互融合、协同发展。

从历史沿革上分析，天津曾与京、冀同属燕国、幽州、冀州等行政区划。明永乐二年（1404年），始设天津卫；至清雍正九年（1731年），单立为府。至清咸丰十年（1860年）英法联军强迫清政府签订了《北京条约》，天津被迫开埠，使本与京冀同体的文化板块受到巨大冲击，外来的异质文化元素不断逐渐融入，形成南北交融、中西合璧、雅俗共赏、别具一格的津沽文化。

天津与河北，你中有我，我中有你，血脉相通，难以切割。从1912年至今，百余年间河北省省会迁移多次，天津曾三次作为河北省的省会，长达24年之久，时长远超保定（10年）。另外，1973年，由河北省划入天津市的武清、宁河、宝坻、静海、蓟州等区县，从2000年至2016年分别升格为武清区、宁河区、宝坻区、静海区、蓟州区。这对天津市的政治、经济、文化均产生了重大的影响。

五、天津"开埠"，推进直隶经济的时代转型

天津开埠后，直隶经济变迁开始明显加剧，突出表现在近代工商业的发展与农业趋新等方面，而传统经济形态转型也日益明显。三口通商大臣崇厚，在处理口岸贸易政务的同时，在天津筹设军火机器局（后称"天津机器局"），及至李鸿章任直隶总督兼北洋大臣后，接手该局并着力改进和发展，使之成为北方最大的官办军工厂。李鸿章在光绪初年主持筹办官督商办企业——开平矿务局（开平煤矿），在招商集股、雇佣工人、生产模式、运

输营销和经营管理等环节上凸显"新型"因素，并发挥明显的示范辐射、连带衍生效应。在李鸿章任上，天津电报总局的设立、新型邮政业的开启，标志着天津近代文化呈现引领天下的新气象。到袁世凯任直隶总督时，正值清末新政实施期间。他对经济较为重视，特别善用现代经济管理的行家里手，使新型的工业、商业、金融业等在辖区内全面发展。如直隶工艺总局，"为振兴直隶全省实业之枢纽"，在其带动之下，直隶省诸多州县的工艺局（厂、场、所）纷纷设立，典型地体现出由传统经济向新型经济过渡发展的时代进步性。

六、京津冀协同发展战略

北京市、天津市、河北省，虽分属于三个不同的行政区划，但在自然空间上却紧密相连为一体，在漫长的历史上同为一个整体，在文化根脉上属于同源共生。在太行山以东、渤海海岸以西的辽阔的国土上，在辽之前，一直以燕赵文化为主导；另外，还包蕴着平原文化与高原文化、内地文化和海洋文化、农耕文化与游牧文化、华夏文化与胡夷文化等，在不断碰撞、交融中，逐渐趋向融合。

在京津冀协同发展战略实施10周年之际，《京津冀地区主要历史文化资源分布图》发布。该图展示了京津冀地区主要历史文化资源的空间分布情况：截至 2023 年，中国有 57 项世界级的文化遗产，其中京津冀地区有 8 项，分别为长城、明清故宫（北京故宫）、周口店北京人遗址、承德避暑山庄及其周围寺庙、北京皇家祭坛——天坛、北京皇家园林——颐和园、明清皇家陵寝、大运河。该图还展示了全国重点文物保护单位以及中国历史文化名城、名镇、名村等。截至 2023 年，京津冀地区共有 8 个中国历史文化名城，10 个中国历史文化名镇，38 个中国历史文化名村。在国务院已公布的 8 批共 5058 处全国重点文物保护单位中，京津冀地区有 474 处，包括北京的故宫、皇史宬、居庸关云台、北京大学红楼等，天津的独乐寺、千像寺造像、北洋大学堂旧址、平津战役前线司令部旧址等，河北的隆兴寺、保定钟楼、西古堡、西柏坡中共中央旧址等。

京津冀地区历史文化资源形成多个聚集区，分别为：北京及周边历史文化资源聚集区，天津历史文化资源聚集区，保定历史文化资源聚集区，张家口历史文化资源聚集区，正定、石家庄历史文化资源聚集区，承德历史文化资源聚集区，秦皇岛（北戴河、山海关）历史文化资源聚集区，以唐山、丰润为中心的京东历史文化资源聚集区，蔚县历史文化资源聚集区，邯郸及周边历史文化资源聚集区。京津冀地区历史文化资源聚集区，除北京、天津两大都市外，基本以河北省重要的地级市为内核，体现了历史形成的区域行政中心对历史文化产生的凝聚作用。

七、"燕山史话丛书"的创意和写作宗旨

历史决定思维的深度,地理决定视野的广度。"燕山史话丛书"以"燕山"这个广义的历史地理概念为中心,旁及燕赵文化、京畿文化、直隶文化等,以京津冀地域文化特征贯穿全套丛书,包括人文历史的演变、区划沿革、地域特色、文化个性、文化艺术成果等较为丰富的内容。

"燕山史话丛书"的写作原则,概括为六个字:科普、史话、燕山。科普是丛书性质,史话是写作文体,燕山是地域范围。"科普",即强调科学性,知识须准确;要求普及性,即深入浅出,通俗易懂。"史话",即以历史事件为主要内容,以成语、典故、人物为媒介或基础,讲好故事,传播知识,赓续文化。"燕山",即以燕山地域为中心(涵盖燕赵大地、京畿地区、直隶省、京津冀等地理范畴),并旁及相邻或相关的其他地域。

北京出版社1963年出版的《燕山夜话》,是当代政论家邓拓的杂文集,可谓家喻户晓。生活·读书·新知三联书店2020年出版的《燕山诗话》,是著名报人罗孚对当代文人旧体诗作的评论集,在知识界影响很大。两书均以"燕山"冠名,皆因创作并出版于北京。本丛书亦以"燕山"冠名,一是以京津冀地区为

总序

史话题材的地域范围；二是书名与出版机构——燕山大学出版社重合；三是表达对《燕山夜话》《燕山诗话》两书的敬意，并抒发瓣香前贤、与有荣焉的心境。

"燕山史话丛书"每一辑由四五部书稿组成，分别从京津冀地区的经济、政治、军事、史学、文学、艺术、饮食、服饰、交通、建筑、礼俗等不同的方面，作比较全面系统的介绍。各类书稿，按计划有条不紊地逐年推出。在强调有较强的学术性、科学性的基础上，表述方式力求通俗易懂，雅俗共赏，突出个性，形成系列。

希望本丛书能多专题、多角度、多层次地反映京津冀文化的主流和特点，使读者能够从中认识和了解中华文化的精神实质。欢迎各位读者对本丛书提出批评和建议，使之趋于成熟和完善。

谭汝为、周醉天
写于 2024 年 7 月 30 日

前言：器以载道

在古老的中华大地上，我们的先民用勤劳智慧的双手创造出了无数的器物。他们用桑蚕的千丝万缕编织出柔软顺滑的丝绸，刺绣出江河日月、花鸟鱼虫、高山流水、楼台亭阁及才子佳人；他们用一抔普通的泥土烧制出造型优美、细腻多姿的瓷器，那梦幻般的神奇窑变令人惊叹不已；他们用一块树皮、一缕丝絮创造出了文化知识的载体——纸，书画家在它的上面天马行空挥毫泼墨，文学家在它的上面恣意汪洋谱写华章。一切器物的背后都有一片精神园地，精致的碗筷、瓮罐、针剪、饰物，不仅是物质化的见证，更是创造生活、创造社会的见证。这些器物见证了中华大地几千年的金戈铁马，记录了先人的负重前行开疆拓土，承载了中华民族数千年的灿烂文明；它们是先民智慧的结晶，是民族精神的印记；它们曾伴随着丝绸之路的声声驼铃跋山涉水远赴西域，它们也曾随着扬起的风帆远渡重洋深入欧美，它们以特有的东方神韵征服了世界，让世界为之惊叹、赞美、羡慕！

在这片创造了奇迹般器物文明的土地上，有一片神奇的沃土——燕赵大地。人们习惯上认为燕赵仅指河北省，事实上古代燕赵文化圈还包括现在的北京、天津、辽宁以及山西、河南北部、内蒙古南部、朝鲜大同江北部的部分地区。根据《尚书·禹贡》的划分，燕赵大地古属冀州。春秋时期这里有燕、晋等国，战国时有燕、赵、中山以及魏、齐等国。秦时这里设上谷、渔阳、右北平、代、巨鹿、邯郸等郡，两汉设置幽州、冀州，唐代称河北道，元明清三朝定都于北京，燕赵主体部分——河北省遂成为京畿重地。这里在历史上曾北接匈奴、柔然、鲜卑、契丹、蒙古、女真等游牧民族地区，坐拥华北平原，太行山、燕山两大山脉，黄河、滹沱河、海河等水系，还有天然的港口，地形地貌多样，物产资源丰富，自古是兵家必争之地。由于特殊的地理位置，数千年来，在这片土地上演了一幕幕惊心动魄、波诡云谲的历史大剧。赵武灵王胡服骑射，荆轲刺秦王，卫青、霍去病北击匈奴，宋辽争夺燕云十六州，岳武穆抗击金兵，元明清三朝的历史更迭，戊戌变法，洋务运动，天津的开埠……

特殊的地理位置、历史背景，成就了燕赵大地独特的文化特质。广袤的华北平原为农耕文明的发展提供了先决条件，更造就了这里住民淳朴热情、安土重迁、热爱生活的群体性格。燕赵大地的地理位置以及北方游牧民族不断地南下侵扰，使其从商周时

前言

期起直至明末都是四战之地，是兵家必争之地，这同样造就了燕赵地区慷慨豪爽、任侠尚气的民风。北京是六朝古都，特有的皇城文化，不可避免地影响了京畿地区，使燕赵主体地区又呈现出一种唯我独尊的贵族特质。天津的开埠，又为燕赵文化、燕赵民风注入了新的特质，天津码头文化、商业文化、移民文化的基本属性以及开埠文化的附加特性，也深刻地影响了燕赵文化的文化属性。

燕赵地区的历史文化性格、风俗习惯必然深刻影响着这片沃土上衍生出来的器物的文化特性。我国自古有名物之学，主要研究与探讨名物得名由来、异名别称、名实关系、客体渊源流变及其文化含义，是一门专门的学术研究。从名物学概念的内涵来说，本书算不上名物学的专著，只是一本科普性质的大众读物。本书从众多的器物中精选了40余种，将其划分为故宫器物、文房器物、节日器物、生活器物、休闲器具、军事器物等六大类别，并力图深入挖掘这些器物背后的故事，以通俗的语言为媒介，以每一种器物为载体，展现燕赵地区特有的地域文化，再现燕赵地区的民俗画卷，重现当年气吞万里的豪情。这里有春节吊钱、窗花、门神、"福"字的热闹喜庆，有北方传统民居土炕的朴实温暖，有放风筝、抖空竹的生活气息，有盘核桃、转铁球的市井悠闲，有钟鼓琴瑟的悠扬雅乐，有铁骑突出刀枪鸣的疆场厮杀。值得说明的是，我作为一名语文教育工作者，在研究这些器物的过程中，特别注意到了它们对于中华民族语言文字的影响。这些器物名称作为构词语素，对我们的语言运用、词汇系统产生了哪些具体而微的影响，在相当一部分篇章中有所涉及。如果说本书与其他同类书籍有什么不同，大约这点应该算作是一个特色了。

器物蕴含着生命智慧。天人合一、道法自然是中国古代哲学的基本思想之一，基于这一思想，先民所制造出的每一件器物无不取法于自然，他们观象制器、利用易简，将天时、地利、材美、工巧完美结合。比如在河北满城汉墓出土的长信宫灯，通过巧妙的设计将实用价值、审美价值、环保理念融为一体。又如家居器物中的炕与灶，就地取材，运用人体结构学、物理学知识将炕、灶连接在一起，在满足人类取暖、做饭的基本生活需求的同时，又关照了人体的舒适感，节约了能源。聪明智慧的匠人们就是这样以自然环境为基础，因地制宜地创造出各种实用性器物，以满足人类生活、生产的需要。

器物承载着文化认同。一方水土养一方人，燕赵大地涵养了燕赵住民共同的民风民俗，培育了一代代燕赵人淳朴热情、慷慨豪放、尚武任侠、重义轻生的性格。这些在器物上均有所体现，它们的构图、形制，或热情奔放，或简洁明快，或饱满艳丽，或古拙质朴，每一种器物都带有浓厚的历史信息和独特的地域文化特色。以窗花剪纸为例，京派剪纸、天津剪纸、河北蔚县剪纸，虽地域不同、传承各异，但是它们饱满圆润的构图、生动的造型具有高度的一致性。

　　文化是一个国家、一个民族的灵魂。文化兴国运兴，文化强民族强。器物文化是中华优秀传统文化的重要组成部分，从毛公鼎到兵马俑，从顺滑的丝绸到优美的瓷器，无不彰显出中华民族的器物文明和匠人精神。在新的历史环境下，中国制造正在崛起，具有文化品格的大国工匠正在深入挖掘器物的文化内涵，发挥出跨越时空、国度的优势，构建器物文化传播的新路径。本书在这样的历史背景下推出，正是为传承、弘扬、传播燕赵器物文明略尽绵薄。希望本书能够对广大读者尤其是青年读者了解燕赵地区灿烂的器物文化有所启发与帮助。囿于个人水平，本书难免有疏漏甚至错误，敬请各位指正。

目 录

| 第一章 | 故宫器物甲天下 | 001 |

钟：国之重器 003
鼎：传国重器 009
玉玺：皇权象征 013
古琴：传统的弹拨乐器 020
鼓：远古打击乐 025
如意：祝颂佳品 030
瓷器：河北有名窑 035
冰鉴：皇帝也用冰箱 040
钟表：计时器的变迁 045

| 第二章 | 文房器物有名姓 | 051 |

毛笔：管城侯毛颖 053
墨：玄香太守陈玄 058

纸：白州刺史褚知白 062

砚：即墨侯石虚中 068

第三章 节日物件呈喜庆　　075

年画：地域文化的名片 077

窗花：春节年红 084

吊钱：吊钱是钱吗 089

春联：您的春联贴对了吗 094

"福"字：贴"福"字有讲究 099

门神：远古的保安 104

神像：渐行渐远的神祃 110

鞭炮：春节的象征 117

花灯：今夕复何夕，共此灯烛光 122

老虎褡裢：端午吉祥物 128

糕点模具：节日添喜庆 132

兔儿爷：最接地气的神 136

| 第四章 | 生活器物存哲理 | 143 |

门：什么是门当户对 145

床榻：坐卧之具 151

炕：火炕知多少 156

灶：文明肇始 161

箸：筷子有文化 166

盖碗：雅俗共赏茶文化 173

镜鉴：镜子能照妖吗 179

锁：封缄之器 185

| 第五章 | 休闲玩物多雅趣 | 191 |

风筝：古代的飞行器 193

泥塑：精美的彩塑泥玩 200

空竹：难觅踪迹的儿时玩具 205

核桃：核桃也可以"盘" 211

葫芦：富贵吉祥的象征 216

保定铁球：保健佳品 222

| 第六章 | 百般兵器逞雄风 | 227 |

宝剑：短兵之祖 229

匕首：短兵之王 235

战车：古代的装甲车 239

枪矛：百兵之王 246

刀：百兵之霸 250

斧钺：军权的象征 254

弓箭：古代的远程兵器 258

后记　265

参考文献　267

一

故宮器物甲天下

故宫是明清两代的皇家宫殿，旧称"紫禁城"，是中国现存规模最大、保存最为完整的古建筑群，1987年被列为世界文化遗产。故宫博物院现有珍贵藏品180余万件（套），依据质地、功用性和管理工作的需要而分为绘画、法书、碑帖、铜器、金银器、漆器、珐琅器、玉石器、雕塑、陶瓷、织绣、雕刻工艺、其他工艺、文具、生活用具、钟表仪器、珍宝、宗教文物、武备仪仗、帝后玺册、铭刻、外国文物、其他文物、古籍文献、古建藏品共25类。其中，一级藏品8000余件（套），堪称艺术的宝库。明清之时，这些珍贵藏品为皇家私有财产，秘不示人。1924年，冯玉祥发动"北京政变"，逊帝溥仪被迫出宫。1925年10月10日故宫博物院正式成立并对外开放，我们才有机会一睹故宫珍贵藏品的风采。

钟：国之重器

1644年，满洲八旗的铁骑攻进北京城，从此开启了清朝统治中国的历史。"异族"入主中原要解决的最大难题就是治下汉人的文化认同问题。山东巡抚方大猷向顺治皇帝建言要尊崇圣者，推行孔孟之道。顺治帝接受建议，沿袭每年的祭孔仪式，以彰显对孔圣的推崇，他先后14次派出礼官前往孔庙祭祀。康熙皇帝更加重视祭孔庆典，甚至于康熙八年（1669年）亲赴阙里主持祭祀仪式。康熙五十八年（1719年），康熙帝颁赐孔庙中和韶乐乐器一套，其中有一组康熙五十二年（1713年）制的八卦纹鎏金编钟。这组编钟共16枚，阳律、阴吕各8枚。中和韶乐，八音俱全，符合儒家"大乐与天地同和"的礼乐思想，是清代最高规制的乐曲。自此，北京的孔庙，每到祭孔大典都会传出编钟悠扬而庄严的乐音。如今这套编钟是故宫博物院的重要文物。其中，编号故00169536-1/16是合金双龙钮云龙纹编钟－黄钟，它就是在祭孔乐曲中能够敲击出最高音的那枚编钟。

合金双龙钮云龙纹
编钟－黄钟

合金双龙钮云龙纹编钟－黄钟通高 27.4 厘米，钮高 5.5 厘米，口径 16.3 厘米，壁厚 1.7 厘米，鼓深 21.5 厘米，外径 20.5 厘米。此钟为椭圆形，范铜为之。钟体由上至下可分为四部分：第一层为双龙形钮；第二层饰云纹；第三层饰行龙纹与海水江崖纹，前面中间有"康熙五十四年制"年款，背面则为各自的律名，饰以立体而精美的云龙纹；第四层有 6 个凸起的圆唇，是受击而发声的部位。

钟，是我国古代重要的礼器。在《诗经》中多次出现关于钟的诗句。《诗经·周南·关雎》有"参差荇菜，左右芼之。窈窕淑女，钟鼓乐之"，《诗经·小雅·鼓钟》有"鼓钟将将，淮水汤汤，忧心且伤"，《诗经·小雅·楚茨》中也有"礼仪既备，钟鼓既戒""鼓钟送尸，神保聿归"。

具体来说，"钟"因其用途不同而分为不同的类别。

安置于庙堂之上的钟叫朝钟，是帝王君权神授的象征。每到朝堂之上举行朝会、典礼或国家祀典等重大政治活动的时候，庄严的钟声令人心生敬畏。《礼记·礼运》曰："（祭祀时）陈其牺牲，备其鼎俎，列其琴瑟管磬钟鼓，修其祝嘏，以降上神与其先祖，以正君臣，以笃父子，以睦兄弟，以齐上下，夫妇有所。"因此悬钟也有严格的礼法制度：天子宫悬（四面悬钟），诸侯轩悬（三面悬钟），卿大夫判悬（两面悬钟），士特悬（一面悬钟）。东汉经学家郑司农就曾说："宫县（县通'悬'），四面县；轩县，去其一面；判县，又去一面；特县，又去一面。四面象宫室，四面有墙，故谓之宫县。轩县三面，其形曲，故《春秋传》曰'请曲县，繁缨以朝'，诸侯之礼也。"

作为法器悬挂于佛教寺庙的钟叫佛钟或梵钟。东汉，佛教传入中国，并与中国本土文化相融合，钟也成了寺庙必备的法器。佛寺中，通过晨钟暮鼓以督促僧众早晚修行。悠扬的钟声可以荡涤人心，使人抛却尘俗杂念。最著名的佛钟是明永乐年间铸造的永乐大钟，它是我国已发现的最大的青铜钟。这口钟通高675厘米，钟壁厚度不等，最厚处18.5厘米，最薄处9.4厘米，重约46.5吨。钟体内外遍铸经文，约23万字。据传，明成祖朱棣发动靖难之役，攻下南京后，改年号永乐，迁都北京，按照"唯功大者钟大"的祖宗成法下令铸造了这口举世无双的大钟。永乐年间，每逢万寿圣节等盛大节日，都由汉经厂主持敲钟做佛事。万历年间，大钟被移到万寿寺。天启年间，时局动荡，大钟被弃。清雍正十一年（1733年），雍正皇帝下令将大钟移至觉生寺（今俗称"大钟寺"），并命人专门修建一座上圆下方的两层钟楼，用以悬挂大钟。

作为法器悬挂于道观的钟叫道钟。东汉末年，道教形成，随之也有了道钟，并作为法器悬挂于宫观之内。道钟，在道教宫观里可以说是最具有标志性的礼拜法器了，是道教的重要法器之一，又名"法钟""法铃""三清铃""巫铃"等。相传在唐代道教鼎盛时期，全国道教庙观琼林，观观必有钟。到了明清两代，使用道钟在北京的道观中成为宗教仪式不可或缺的一部分，它不仅是宗教活动的物理载体，也是道教信仰和文化传承的重要象征。

作为乐器在宫廷宴饮、祭祀仪式上演奏的叫乐钟。编撰于元代的《道书援神契》说："古者祭乐有编钟、编磬，每架十六，以应十二律及四宫清声。"编钟是中国古代的一种大型乐器，兴起于西周，盛于春秋战国直至秦汉。它由青铜铸成，大小不同的扁圆钟按照音调高低的次序排列，悬挂于钟架之上。用丁字形的木槌和长形的棒分别击打铜钟，按照乐谱可以演奏出美妙的乐曲。编钟起初由3枚钟组合而成，从春秋末期到战国时期数目逐渐增加到9枚或13枚。

悬挂在钟楼用于报时的钟叫更钟。钟鼓楼是中国传统建筑之一，

第一章 故宫器物甲天下

是钟楼和鼓楼的合称,是古代城市地标性建筑。天津俗谚有"天津卫,三宗宝,鼓楼、炮台、铃铛阁"之说。天津的鼓楼位于天津老城厢,始建于明弘治年间,为钟鼓楼建制,实际上有钟无鼓,俗称"鼓楼"。鼓楼的这口大钟,铸造于金天德五年(1153年),高177厘米,下口径133厘米,壁厚11厘米,下口形成8个垂足,分别铸有阳文八卦。大钟铸工精细,造型古朴,每次敲响可以声传杨柳青。旧时,天津鼓楼上大钟报时,晨昏108响。清代天津诗人梅宝璐为鼓楼撰写对联曰:"高敞快登临,看七十二沽往来帆影;繁华谁唤醒,听一百八杵早晚钟声。"清末天津诗人周楚良在一首竹枝词里描写了鼓楼撞钟的情景:"本是钟楼号鼓楼,晨昏两度代更筹。声敲一百单零八,迟速锅腰有准头。"所谓"锅腰",指的是守鼓楼的一位驼背老人(驼背俗称"锅腰")。他每天定时早晚各撞钟一次,每次紧18下,慢18下,不紧不慢又18下,钟声悠扬,快慢有致。这是老天津卫的一种标志,现在已成为历史的记忆。

钟是一个大家族,除了上面提到的朝钟、佛钟、道钟、乐钟(编钟)、更钟以外,还逐渐发展出铙、钲、镈、铎、铃等种类。钟区别于铙、钲、镈、铎、铃之处在于钟的每一面都有"乳",乳的形状有凸出如柱的,也有凸出作螺旋形的。钟和它的家族成员还有一个区别,就是钟有撞座,撞座即钟杵撞击发出声响的地方。

钟有悬挂的纽，纽一般饰有蒲牢。蒲牢是神话传说中的龙之九子之一。相传，它平生好音好吼，受击就大声吼叫，因此充作洪钟提梁的兽钮。

因为钟是国之重器，因此古人对于铸钟非常重视。新钟铸成，必须举行祭祀仪式，即衅钟。所谓衅钟，就是杀牲以血涂钟行祭。《孟子·梁惠王上》中记载了梁惠王"以羊易牛"来衅钟的故事，文中说："王坐于堂上，有牵牛而过堂下者，王见之，曰：'牛何之？'对曰：'将以衅钟。'"赵岐注："新铸钟，杀牲以血涂其衅郄，因以祭之曰'衅'。"

民间也流传着很多衅钟的传说。相传，在老北京的钟楼顶上，悬挂着一口巨大的铜钟。钟声浑厚有力，洪亮绵长，方圆数里都能听到。铸造这口钟的时候，因熔炼的火候不到而多年不能铸成。皇帝为此斩了监铸太监，并限令80天内铸好大钟，否则就把全体工匠处斩。负责铸钟的华严师傅对如何提高炉温无计可施，整日茶饭不思，他的女儿看出了父亲的心思，便对父亲说自己有办法。到了铸钟这天，朝廷命官、大小工匠也都到齐了，可炉温仍然上不去。正在大家一筹莫展的时候，只见华严的女儿飞身跃入炉中，霎时间，炉火升腾，铜水翻滚。华严忍痛下令："铸钟！"工匠们一起努力，铜钟终于铸成了。大钟铸成了，但华严失去了爱女，悲痛万分。为了纪念这位为铸钟献身的美丽姑娘，人们尊称她为"铸钟娘娘"。类似的传说，在许多地方都有流传。

鼎：传国重器

走进故宫博物院的青铜器馆，我们会为古人高超的冶炼技术而感到震撼，其中最引人注目的就是鼎。商代后期的田告方鼎、兽面纹鼎，西周的师旂鼎、颂鼎、小克鼎，汉代的杨厨鼎等，件件都是稀世珍宝。

首都博物馆也收藏着许多珍贵的青铜器，其中，西周早期燕国的西周堇鼎堪称镇馆之宝。该鼎1974年出土于北京市房山区琉璃河遗址M253区。该鼎通高62厘米，口径47厘米。鼎内有4行26字铭文，记载了堇饴奉匽侯之命向召公奉献食物并受到召公赏赐的事情。该鼎的出土证实了史料中记载的召公奭命其长子就封于燕而自己留在宗周辅弼王室的史实，填补了史料中对燕国历史记录的空白。

鼎是古代的一种煮食物的器具。它的甲骨文字形写作"鼎"，像有足、有提耳的容器。《说文解字》解释曰："三足两耳，和五味之宝器也。"故宫博物院收藏的编号为新00020918的杨厨鼎

杨厨鼎

就是煮食物的器具，展出于"青铜器与生产生活"部分。它体圆，深腹，通体光素无纹，有双附耳；鼎上有盖，盖上三环钮；腹中部有一圈扁凸沿；腹下有三蹄足，是西汉时期的标准器。这种形制的鼎明显带有战国时期圜底蹄足鼎的风格。

鼎还是传国的重器，可以指代国家政权和帝位。相传太昊制一神鼎，取一统之义；黄帝作宝鼎三，象征天地人；夏禹制九鼎，寓意九州一统。《左传·宣公三年》记曰："昔夏之方有德也，远方图物，贡金九牧，铸鼎象物，百物而为之备，使民知神奸。故民入川泽山林，不逢不若。魑魅魍魉，莫能逢之。用能协于上下，以承天休。"所谓九州分别是：冀州、兖州、青州、徐州、扬州、荆州、豫州、梁州和雍州。九鼎与九州相应，依次名为：冀州鼎、兖州鼎、青州鼎、徐州鼎、扬州鼎、荆州鼎、豫州鼎、梁州鼎和雍州鼎，或大冀、大兖、大青、大徐、大扬、大荆、大豫、大梁和大雍。

鼎作为传国重器，不仅是中华民族的瑰宝，具有丰富的文化内涵，而且还进入了汉语语言系统，成为重要的构词语素，丰富了汉语的词汇系统。

因为鼎是国家和权力的象征，所以，称建国为"鼎定"或"定鼎"，称国祚、国运为"鼎祚"，称宰辅、宰相为"鼎轴"，称帝王之大业为"鼎业"，称国贼为"鼎贼"，称觊觎政权为"问鼎"，称改朝换代为"革故鼎新"。"鼎"字还被赋予"显赫""尊贵""盛大"等引申意义，如对人有所请托，表示感谢的敬辞，为"鼎力"；科举中状元、榜眼、探花之总称，为"鼎元"或"鼎甲"；有分量的言论，常用于请人说话帮助的敬辞，为"鼎言"；形容富贵人家生活豪奢，为"钟鸣鼎食"；称赞人正值壮年或事业兴盛，为"鼎盛"；称赞显赫尊贵之人，为"鼎贵"；等等。鼎有三足，因此以"鼎足而立""鼎足而三""鼎足之势""鼎足三分""鼎足""鼎争""鼎立"等比喻三方势力分立相持的局面。

历史上关于鼎的典故很多，除了"夏（禹）传九鼎""庄王问鼎""五鼎烹"等典故之外，还有《史记·平原君列传》中说："毛先生（毛遂）一至楚，而使赵重于九鼎大吕。毛先生以三寸之舌，强于百万之师。胜不敢复相士。"这就是成语"一言九鼎"和"毛遂自荐"的由来。

公元前 259 年，秦军围困邯郸。危急之下，赵国平原君的门客毛遂主动自荐补缺，随同平原君前往楚国游说，成功说服楚王出兵联合抗击秦国的侵略，解了邯郸之围。平原君对毛遂的表现大加赞赏，认为毛遂一到楚国，便使赵国的威望重于九鼎，其口才强于百万雄师，于是将毛遂视为上宾。

玉玺：皇权象征

京剧《大保国》演绎了明朝中期紫禁城内一段跌宕起伏的历史故事。明穆宗朱载垕驾崩，太子年幼，李艳妃垂帘听政。李艳妃的父亲李良企图篡位，李艳妃受其花言巧语的蒙蔽，产生了禅位之意。定国公徐延昭、兵部侍郎杨波闻讯上殿谏阻，李艳妃执意不听，君臣三人发生了激烈的矛盾冲突。

　　李艳妃：唗！地欺天来草不发，
　　徐延昭：天欺地来苗不生。
　　李艳妃：臣欺君来就该斩，
　　徐延昭：君欺臣来不太平。
　　李艳妃：子欺父来雷殛顶，
　　徐延昭：父欺子来逃出门。
　　李艳妃：我家江山由着我，
　　徐延昭：半由天子半由臣。

李艳妃：要让要让偏要让，

徐延昭：不能不能万不能！

李艳妃：金镶玉玺朝下打，

（李艳妃举玺欲打徐延昭，杨波暗上）

徐延昭：铜锤打你个碎纷纷！

（徐延昭举铜锤，杨波急拦）

这里提到的"金镶玉玺"就是皇帝的印信，是皇权的象征。皇帝的印信为什么被称为"玉玺"，它的材质为什么是玉，围绕着它又上演了哪些波诡云谲的历史剧？

原来，在先秦时期，"印"和"玺"都是印章的通称。秦始皇统一六国，建立了大秦王朝。为了彰显皇帝至高无上的权力，他自称"始皇帝"，把"朕"这个通用的代词变成了皇帝的专用自称；同时"玺"也不再是印章的通称，而变成了皇帝印章的专名。历史上的大多数王朝都会刻制自己的玉玺，至今故宫博物院仍收藏着许多的玉玺，其中编号故00166814"天子之宝"是清乾隆年间的玉玺。

"天子之宝"是清二十五宝之一，由白玉制成，具有交龙纽，通高6.4厘米，印面7.8厘米×7.8厘米。据介绍，此宝用于"祭祀百神"，即在撰写祭文后钤印，以示对庙宇神灵的祭祀。乾隆

第一章 故宫器物甲天下

天子之宝

　　皇帝钦定了 25 方御用国宝，用以象征国家政权。其中，天子之宝位列第六，显示了其在清朝政治和文化中的重要地位。此外，乾隆皇帝通过使用古人之典来钦定宝玺的数目，寓意自己的王朝能绵延无限，体现了他对国家未来的美好期望和对传统文化的尊重。

　　为什么皇帝的印信都要以玉作为材质？这来源于中国传统的玉文化。我国的玉器历史可以上溯到新石器时代，距今已有 8000 多年的历史。关于玉器历史断代的划分，一般以汉朝为界，汉以前的玉器称为"古玉"，汉以后的则称为"新玉"。玉有硬玉和软玉之分。硬玉即翡翠，目前从宫廷珍藏和出土文物中尚未发现明朝以前的翡翠。18 世纪以前，中国人并不知道硬玉这种东西；18 世纪以后，硬玉才从缅甸产地经云南输入中国。软玉在中国的品种则有很多，诸如白玉、青玉、碧玉、黄玉和墨玉等，其中颇负盛名的玉有蓝田玉、和田玉、岫玉、南阳玉等。

中国人崇玉、礼玉、佩玉、赏玉、藏玉，逐渐形成了具有民族特色的玉文化。可以说，玉器是中华民族物质文明和精神文明的历史见证。

在众多的玉制器物中，最为尊贵的恐怕就是传国玉玺了。虽然自秦始皇统一六国，建立了第一个大一统的王朝起，之后的许多王朝都有自己的"天子之宝"，用以象征皇权，但是在国人的心目之中真正被称为"传国玉玺"的，就是秦始皇命人刻制的那一方玉玺。

战国时期，赵惠文王得到了天下共宝——楚国的和氏璧，秦昭王闻知，派使者到赵国，愿以15座城池换取和氏璧，于是在秦赵两国之间上演了一场惊心动魄的争夺和氏璧的大戏。和氏璧，又称"和氏之璧""荆玉""荆虹""荆璧""和璧""和璞"，产于今湖北省的荆山。

后来楚国和赵国联姻，和氏璧传到了赵国，从此它便和燕赵大地结下了不解之缘，并演绎出"完璧归赵"这一耳熟能详的精彩故事。

完璧归赵，讲述了赵国大臣蔺相如凭借智慧和勇气，成功将赵国的国宝"和氏璧"从秦国带回赵国的故事。赵国得到了著名的和氏璧，秦昭襄王得知后，提出以15座城池来交换这块宝玉。赵惠文王对此犹豫不决，担心秦国得到宝玉后不履行承诺。赵惠文王召见蔺相如，蔺相如自告奋勇，携和氏璧出使秦国。在秦国，蔺相如发现秦王并无诚意交换城池，便巧妙地利用秦王贪婪的心理，以死相逼，迫使秦王答应将和氏璧归还赵国。最终，蔺相如成功地将和氏璧完好无损地带回赵国，这一事件不仅展示了蔺相如的勇气和对国家的忠诚，也体现了赵国的外交智慧。

公元前221年，秦始皇灭掉六国，建立秦朝。和氏璧终于成为秦的至宝，秦始皇完成了秦昭王的遗愿，于是命人将其制成玉玺。

相传，秦始皇南巡乘龙舟过洞庭湖，湖上风浪骤起，龙舟即将倾覆。秦始皇无奈，命人将传国玉玺抛入湖中来祈求神灵镇浪，果然洞庭湖瞬间风平浪静。玉玺由此失落。8年后，有人将此传国玉玺奉上，遂复归于秦。秦末，刘邦、项羽兵分两路向秦都城咸阳进军，秦将章邯与项羽大战于巨鹿（今河北邢台巨鹿县），这就是著名的巨鹿之战。后来，刘邦趁势攻入函谷关，秦王子婴请降，并献上传国玉玺。

西汉末年，王莽篡汉，皇太后怒斥王莽，并将传国玉玺掷于地上，传国玉玺破损一角。王莽得到传国玉玺以后，命巧匠用黄金修补破损之处，至此，传国玉玺又称"金镶玉玺"。后来东汉光武帝刘秀从赤眉军手中夺得传国玉玺，传国玉玺复归于汉。东汉末年，宦官专权，大将军何进诛杀宦官，段珪携汉灵帝出逃，玉玺失踪。随后，董卓作乱，各路诸侯讨伐董卓，孙坚攻入洛阳，于城南甄宫井中发现了传国玉玺。191年，袁术让孙坚去攻打刘表，孙坚从之，但最终孙坚被黄祖射死在襄阳城前。袁术就收养了孙坚的长子孙策，目的是得到玉玺。后来孙策用玉玺换来了兵马，一举平定江东。袁术得到传国玉玺后，称帝之心日渐显现。消息传出后，引起了各路诸侯的嫉恨，包括他的同胞兄弟河北袁绍。建安二年（197年），袁术称帝，各路诸侯纷纷反对，袁术众叛亲离，最终败亡。袁术死后，荆州刺史徐璆携玉玺至许昌献给曹操，至此，传国玉玺得重归汉室。

　　后来经历魏晋南北朝隋唐几个朝代的更迭，传国玉玺为后唐庄宗李存勖所得，石敬瑭引契丹军灭后唐建立后晋，后唐末帝李从珂举族与皇太后曹氏自焚于玄武楼，传国玉玺就此失踪。宋哲宗时期，有一名叫段义的农夫耕田时发现传国玉玺，送至朝廷，经13位大学士依据前朝记载多方考证，认定该玺确为传国玉玺；然而朝野有识之士多疑之为赝品。据传，该玺在靖康之难中被金人掠走，于是传国玉玺再次销声匿迹。元代，传国玉玺曾出现于大都（今北京），为当时的宰相伯颜所得。有史料记载，伯颜曾将收缴来的历代印玺全部磨平，赏赐给王公大臣刻制私人印章，传国玉玺可能也在其中。元末明初，朱元璋在南京称帝后，派军攻入大都，元廷退归大漠，明将徐达深入大漠，未能得到传国玉玺。传国玉玺是被蒙元残部带回漠北，还是当初被伯颜磨平赏赐给王公大臣了，至今仍是千古悬案。自此直到清乾隆年间，传国玉玺时有出现，但都被考证为赝品，直至冯玉祥驱逐末代皇帝溥仪出宫，传国玉玺仍不见踪影。

秦始皇所制的传国玉玺虽为天下至宝，但是后代王朝许多也都刻有自己的天子之宝。比如汉传国玺，其印文为"天子之宝"；唐传国玺，其印文为"大唐天子之宝"；武周时期传国玺，其印文是"赦命之宝"；宋代传国玺，其印文为"大宋奉命之宝"；明代传国玺，其印文是"大明天子之宝"；清代有二十五宝，乾隆皇帝根据《周易·大衍》"天数二十有五"之说指定25方御用国宝，这25方宝玺经嘉庆、道光、咸丰、同治、光绪，一直沿用至宣统末年。

古琴：传统的弹拨乐器

故宫博物院收藏了一张大圣遗音琴。它是唐代名琴中的精品。相传安史之乱时，唐玄宗李隆基仓皇出逃，不久太子李亨在灵武（今宁夏灵武西南）登基称帝，是为唐肃宗。李亨遥尊李隆基为太上皇。这张琴就是为新君登基治礼作乐筹备制作的。至于这张琴如何到了紫禁城已不可考。时光荏苒，1000余年过去了，大圣遗音琴再次被人们关注已经是民国时期了。1925年10月10日，故宫博物院成立后，原皇家私人财产被收归国有。清室善后委员会清点故宫文物时，在养心殿南库墙角发现一张布满灰尘、残破不堪的古琴。当时这张琴没有琴弦，也没有琴轸，岳山也损坏殆尽。于是工作人员在登记册上注明破琴一张。转眼20多年过去了，文物专家王世襄任故宫博物院古物馆科长及编纂，在整理文物时偶然发现这张被登记为"破琴"的大圣遗音琴。多年文物工作的经验使他觉得这张"破琴"非同小可。只见这张琴残破的外表下隐隐显露出精巧的做工，琴腹内池的两侧依稀有"至德丙申"的字样。学识

大圣遗音琴正面（左图）
大圣遗音琴背面（右图）

渊博的王世襄当即判断出这是唐至德元载（756年）制作的古琴，这一年正是唐肃宗登基的那一年。为了修复这张古琴，故宫博物院延请古琴家管平湖精心修理，恢复了漆色、断纹与金徽的原貌，这张名琴再现昔日容颜。故宫博物院古琴鉴定家郑珉中先生（管平湖先生的弟子）认为此琴可称故宫博物院最珍贵的一张古琴，可以作为鉴定唐琴的标准器。

大圣遗音琴属于伏羲式琴，形状与神农式非常接近，只是在琴的下部起弯的地方多了一个弯，即有两个连续的弯，而琴体外形的其他部位与神农式几乎完全一样。此琴通长120.5厘米，肩宽20.5厘米，尾宽13.4厘米，厚5厘米，底厚1厘米。梧桐木斫，金徽玉轸。纯鹿角灰漆胎，髹栗壳色与黑色相间的漆，局部有朱漆修补，蛇腹断中间以细牛毛断纹，其中，大断纹已略有翘起如剑锋，且露出点点白色颗粒及一丝鹿角灰漆胎。

在琴背龙池上方，刻有寸许行草"大圣遗音"，池下方刻二寸许篆体"包含"印，龙池两旁刻隶书铭文"巨壑迎秋，寒江印月。万籁悠悠，孤桐飒裂"，填以金漆，俱系旧刻。琴腹内在龙池两侧有隶书款"至德丙申"。从大圣遗音琴的形制特征来看，此琴虽为中唐作品，但仍带有盛唐时期的风貌。龙池为圆形，凤沼为扁长圆形，腹内纳音微隆起，与故宫藏"九霄环佩"唐琴风格一致。

古琴，又称"瑶琴""玉琴""七弦琴"。古琴之首创，有伏羲、神农、虞舜等不同传说。其中神农之琴，以纯丝做弦，刻桐木为琴。至五帝时，始改为八尺六寸。最早的古琴是五弦，周代是七弦，三国时期为十三徽七弦的形制，并延续下来。

古琴属"金、石、土、木、丝、竹、匏、革"八音的"丝"，其音域宽广，音色深沉，余音悠远。古琴造型优美，常见的为伏羲式、仲尼式、神农式等。在古琴发展史上出现了很多的名琴、名曲、名家。名琴有绿绮、号钟、绕梁、焦尾等。古琴十大名曲有《潇湘水云》《广陵散》《高山流水》《渔樵问答》《平沙落雁》《阳春白雪》《胡笳十八拍》《阳关三叠》《梅花三弄》《醉渔唱晚》。古琴名家更是层出不穷，如孔子作琴曲《陬操》，现存琴曲《龟山操》《获麟操》《猗兰操》相传都是孔子的作品；春秋时期晋国乐师师旷艺术造诣极高，著名琴曲《阳春白雪》为其所作；春秋时期楚国乐师俞伯牙创作《水仙操》《高山流水》；等等。

　　古琴与燕赵大地有着极深的渊源。汉武帝的宠妃李夫人生命垂危，武帝伤心不已，时时到李夫人宫中探望，李夫人总是蒙被掩面，理由是"妾久寝病，形貌毁坏，不可见帝"。真可谓是"佳人自来多命薄"。这位李夫人是如何得到汉武帝恩宠的呢？李夫人是中山（治今河北定州市）人，和他的兄长李延年都精通音律，善歌舞。李延年犯法被处以宫刑，因为善音律而被汉武帝宠信。有一次，李延年为武帝献歌："北方有佳人，绝世而独立，一顾倾人城，再顾倾人国。宁不知倾城与倾国，佳人难再得。"汉武帝听后说："世岂有此人乎？"李延年趁机表明他唱的是自己的妹妹。李延年的妹妹由此得宠，被封为李夫人。李延年也因此得到汉武帝的宠信，官拜协律都尉，负责管理皇宫的乐器。李延年不仅善于弹奏古琴等乐器，精通歌舞，还善于创作新曲，他为汉武帝作《郊祀歌》19章，用于皇家祭祀乐舞。李延年虽然身份低微，但其琴曲《佳人曲》对后世的五言诗产生了极大的影响，当时可与之媲美者唯有司马相如的《凤求凰》。李延年也因此与司马相如被公认为汉代琴曲大家。

　　燕赵地区还出现了很多斫琴名家。所谓斫琴，就是对古琴进行精工细作的一种工艺技术。例如，晚清名臣张之洞，其母亲朱碧筠擅长抚琴，张之洞也从小耳濡目染，不仅会弹琴，而且能够斫琴，在当时的琴界是很有名的。再如现代梅庵派琴家孙毓芹，他出生于河北丰润县马驹桥村（今唐山路北区境内），作为一代古琴大师，孙毓芹留有一张专辑——《孙毓芹先生古琴遗音逸辑》，收录了《归去来辞》《忆故人》《梅花三弄》《醉渔唱晚》等经典曲目。此外还有河北深县（今河北深州市）的田双琨、河北辛集（今河北辛集市）的孙庆堂等。

古人以琴会知音，俞伯牙与钟子期高山流水遇知音的故事大家耳熟能详。高雅之士通过琴表达他们内心特有的洒脱、豁达，非知音不能理解。陶渊明有一无弦琴。《晋书•隐逸列传》记载："（陶渊明）性不解音，而蓄素琴一张，弦徽不具，每朋酒之会，则抚而和之，曰：'但识琴中趣，何劳弦上声！'"其实陶渊明何尝"性不解音"？以陶渊明之才，弹琴是他的童子功，即便不是大家、高手，也不至于一窍不通。"乐琴书以消忧"的他之所以弹奏无弦之琴，既非故作高深，也非刻意搞笑，而是他真正懂得了音乐的作用。类似地，苏轼（祖籍河北栾城）曾有一偈语："若言琴上有琴声，放在匣中何不鸣？若言声在指头上，何不于君指上听？"只有活得通透，才能悟得透彻明白，也只有陶渊明、苏轼这样有趣的灵魂才能有这样的洒脱与豁达。

鼓：远古打击乐

白居易《长恨歌》中说："渔阳鼙鼓动地来，惊破霓裳羽衣曲。"唐天宝十四载（755年），平卢、范阳、河东三镇节度使以诛杀杨国忠为名，在范阳（今北京）起兵，开启了前后历时八年的安史之乱。当时，渔阳（今天津蓟州区）为范阳所辖的一个郡，白居易在诗中用它来泛指范阳一带。来势汹汹的叛乱打破了唐玄宗终日沉溺于缓歌慢舞的生活，大唐的半壁江山从此战鼓咚咚，杀声四起。虽然唐军最终平定了安史叛乱，但盛世大唐经此陡然衰败，万国来朝的大唐帝国在惊天动地的战鼓声中风光不再。

鼓为什么可以代指战争？除了用作战鼓之外，鼓还有哪些功用？

中国与古埃及、古印度同为鼓的发源地。我们的先人在进入陶器时代的时候就发明了陶土烧制成的"土鼓"。在甲骨文中，已出现"鼓"字，写作"𰁩"，在𰁰的上面和两侧各有一只手𰁪，表示以掌击鼓。这说明在殷商时期就已经出现了"鼓"这种乐器。

鼓可以用于战争。隆隆的鼓声既可以振奋人心，也可以摄人心魄,令人闻之胆寒。因此,鼓自产生之初就与战争密不可分。《左传·庄公十年》中说:"夫战,勇气也。一鼓作气,再而衰,三而竭。彼竭我盈,故克之。"在民间故事中,为了鼓舞士气,经常有将帅亲自擂鼓助威的桥段,梁红玉擂鼓战金山的故事至今广为流传。京剧《珠帘寨》中"昔日有个三大贤"唱段中也有"城楼上助你三通鼓,十面旌旗壮壮威严。哗啦啦打罢了头通鼓,关二爷提刀跨雕鞍;哗啦啦啦打罢了二通鼓,人又精神马又欢;哗啦啦打罢了三通鼓,蔡阳的人头落在马前"的唱词。鼓,在军事战斗中不可或缺,因此"鼓"成了战争的代名词。

战鼓的鼓皮多以鳄鱼皮制成,取鳄鱼习性凶猛的寓意以壮鼓声,以振军威。在征服蚩尤的涿鹿之战中,黄帝杀夔,以其皮为鼓,声闻五百里。"夔"是古代神话传说中的一条腿的怪物。《山海经·大荒经(大荒东经)》记载:"东海中有流波山,入海七千里。其上有兽,状如牛,苍身而无角,一足,出入水则必风雨,其光如日月,其声如雷,其名曰'夔'。黄帝得之,以其皮为鼓,橛以雷兽之骨,声闻五百里,以威天下。"

即便是太平年代,古代帝王为了训练军队,仍以狩猎模拟战争,训练士兵。清代皇室出自马背上的民族,更加重视军队的训练,为使自己民族保持勇猛彪悍的作风,更是经常以狩猎的方式加强军队的训练。康熙帝还设立了以"肄武绥藩"为目的的皇家狩猎场——木兰围场。狩猎中，鼓是必不可少的工具，咚咚的鼓声既可以惊起、驱赶猎物，又可以激发狩猎者的斗志。

鼓用于祭祀活动，可以起到营造庄重肃穆氛围的作用。在祭祀祖先或神灵时，人们会击鼓以示尊敬和虔诚。明清时期，故宫作为明清两代的皇家宫殿，其祭祀活动必然遵循古代的传统和礼仪，因此鼓在祭祀仪式中扮演着重要的角色。明初以圜丘、方泽、宗庙、社稷、朝日、夕月、先农为大祀，太岁、星辰、风云雷雨、岳镇、海渎、山川、历代帝王、先师等为中祀，诸神为小祀。其中，需要皇帝亲自参加的祭祀有天地、宗庙、社稷、山川。每到祭祀时，鼓乐是祭祀仪式中最重要的环节。正因为如此，在故宫博物院收藏着各种各样的鼓。

鼓还可以用于报时。在传统城市规划中，钟楼和鼓楼作为报时建筑分别建在城东和城西，城东为钟楼，城西为鼓楼。古代城市实行宵禁，早晚击鼓为启闭城门的信号。在北京、天津、西安、

红漆彩画海水江崖纹鼓 　　红漆彩画云龙纹鼓 　　铜鼓

南京、南昌等历史文化名城都有钟鼓楼的遗迹。在南昌钟鼓楼上有一副对联，曰："钟鼓楼中，终古钟鼓撞不断；凤凰塔缝，奉皇凤凰引难鸣。"

在戏曲曲艺中，鼓是不可或缺的伴奏乐器。京剧乐队有司鼓，又有京东大鼓、京韵大鼓、梅花大鼓、西河大鼓等鼓曲艺术。传统曲艺中有八角鼓。八角鼓是古时满人用于自娱的一种乐器，因鼓身有8个角而得名。其鼓身有8个面，代表八旗；七面框边内各嵌2—3枚小铜钹，剩下的一面嵌钉柱缀鼓穗，寓意五谷丰登。在清代嘉庆、道光以后，由于旗籍士兵在各地驻屯和各地旗籍官吏的爱好，八角鼓流传到很多地区，尤其在东北、京津地区盛行，是与岔曲、京韵大鼓和单弦等京味艺术齐名的民间艺术，后日渐衰退。

扇鼓又称"太平鼓"，起源于汉代，最初是乞讨者用来行乞的工具，行乞时一边敲打鼓点一边演唱，与数来宝合扇（两个牛胯骨）的作用大体一致。后来逐渐发展为一种群众性很强的自娱性的民间舞蹈艺术形式，普遍流行于北方的广大地区。其中，赵州扇鼓以其独特的鼓点套路、艺术风格而著称，与背灯挎鼓、赵州战鼓并称"赵州三鼓"。赵州扇鼓的鼓面为圆形，鼓柄下端呈云钩状，左、中、右3处各吊3个铁环，老艺人们常说："扇鼓扇鼓圆又圆，上打下坠九连环。"表演分为独唱、对歌形式，故事形式，说唱形式以及歌舞形式，表演起来生动、明快、活泼、诙谐，其代表作有《十二月》《丢戒指》《二姑娘骑驴王小赶脚》《吕蒙正赶斋》《扑蝴蝶》《四辈上工》等。

背灯挎鼓是流传于河北赵县的地方传统鼓乐舞。据传说，它源于清康熙三年，距今有340余年的历史。表演时，表演者腰挎小鼓、背后背灯，故名"背灯挎鼓"，现已列入河北省非物质文化遗产名录。

赵州战鼓历史更为悠久。相传，它兴起于明代万历年间，兴盛于清末民初。赵州战鼓主要流行于河北赵县北部，是一种地方传统的男性鼓乐舞蹈。舞蹈时，以大鼓、锣、镲为伴奏，以钹为道具，场面恢宏，锣鼓铿锵，动作雄健，具有浓重的赵州古韵。

清咸丰年间，两个以演花鼓为生的安徽艺人（于氏兄弟），辗转来到天津于王庄（今河北区东于庄）、西沽一带。他们的表演受到了当地人的欢迎，人们不仅爱听、爱看，还爱学，因此他们就落脚在于王庄，向花鼓爱好者传授技艺。从此，花鼓就在这里扎下了根，代代相传，发展至今已有160余年的历史。东于庄同乐花鼓老会，是目前国内仅有的以演唱安徽凤阳花鼓曲调为表演形式的一道花会。该会以8名10—12岁的男童为主要演员，其中6人男扮女装，别称"娃娃戏"。演员扮相俊美，行进中边唱边舞动手中的霸王鞭，进行优美的舞蹈表演并演唱各种唱段，令人赏心悦目，百看不厌。

如意：祝颂佳品

清代皇帝登基大典上，主管礼仪的臣下必敬献一柄如意，以祝政通人和，新政顺利；在皇帝会见外国使臣时，也要馈赠如意，以示缔结两国友好，国泰民安。皇帝大婚，如意也是必不可少的。据史料记载："大婚前一日，銮仪卫掌卫士大臣、銮仪使带銮校予请皇后凤舆进乾清门中门，至乾清宫正中南陈设。派结发、公主、福晋、命妇四人，戴大红钿罩，穿大红褂罩，敬陈御笔用宝龙字于凤舆内正中，安设如意于凤舆内。毕，至坤宁宫东暖阁。率领内务府女官，均戴大红钿罩，穿大红褂罩，铺设龙凤喜床。"在大婚过程中，皇后乘坐入宫的凤舆时，要手执苹果、金质双喜如意（寓意"平安如意"）。婚后，觐见太后，皇后还须首先向太后进呈如意，以示侍奉唯谨；回到乾清宫，皇后要向皇帝呈进如意，皇帝亦回赐皇后如意。

每逢皇帝即位、皇后和妃嫔生日、节日及喜庆佳日，大臣们也要向皇帝后妃等敬献如意，以寓意平安大吉，福星高照。据说，有位大臣为了加官得宠，一次进献了"九九如意"，即9柄如意为一盒，9盒共81柄如意。慈禧太后在六十寿辰时，在收受寿礼时，仅如意这项就收到了珍贵的精品80件。因为大臣进献如意，还引起了一段公案。和珅在乾隆皇帝宣布册立皇太子谕旨的前一日，即于乾隆六十年（1795年）九月初二日向颙琰即未来的嘉庆皇帝递送如意，泄漏了其被册封的机密，并以拥戴邀功。嘉庆帝深恶之，但一直隐忍未发，直到乾隆帝驾崩。据《清仁宗实录》载，嘉庆四年（1799年）时拟定的和珅罪状二十条，居于罪首者乃谄媚进献如意之事。

如意，又称"握君""执友""谈柄"，在现实生活中已难觅踪迹，但在明清时期却是人们的爱物。如意的背后又有哪些鲜为人知的故事呢？

古人习惯于把各种器物的发明归结于远古的先贤。明代的道教典籍《天皇至道太清玉册》中记载："如意黄帝所制，战蚩尤之兵器也。后世改为骨朵，天真执之，以辟众魔。""骨朵"就是在长柄的一端装有不同形质的锤状物的武器。

如意多以竹、骨、铜、玉制成，长约一尺许，柄端多为手指形，也有灵芝形、心形、云朵形等。到了唐代则发展为柄身扁平，顶端弯折处演变为颈部，柄首为三瓣卷云式造型。明清时期，随着生产力水平的提高和时代审美的发展，如意的形制也进一步完善，弯曲的如意颈结合流畅的如意柄，再配上长长的流苏，更具有美学意义上的律动感。如意样式也呈多样化趋势，最为经典的样式有三种：天官式如意、灵芝式如意和三镶式如意。天官式如意，就是直柄式如意，线条简单，但是高贵而威严。灵芝式如意，造型跟灵芝一样。三镶式如意，用玉器、玛瑙、碧玺、珊瑚、象牙、翡翠等名贵宝石镶嵌在珍贵的紫檀红木或者铜鎏金上。如意纹饰也更加丰富多彩，有龙纹、灵芝纹、太平有象纹、一路连科纹、三多纹、双喜纹、万寿纹、鲤鱼纹等。如意的材质也更为多样，出现了金、玉、水晶、象牙、玛瑙等珍贵材料制作成的工艺精品。如意的工艺也更加精美，有浮雕、镂空、镶嵌，甚至运用了掐丝珐琅工艺。清代宫廷如意还有不少罕见的品类，如染骨如意、鹤顶红如意等；造型上也有别出心裁的，如双首如意和形如两柄如意交错的五镶如意等。

  清代，如意的发展达到了鼎盛时期。故宫博物院藏有2000多柄明、清、民国时期的如意，其中大多是清代的如意精品。如清代的掐丝珐琅万福三多纹如意、掐丝珐琅夔、紫檀刻团寿字玉如意、青玉雕花卉如意、青玉浮雕蟠螭灵芝式如意、白玉吉庆如意等。乾隆皇帝甚爱如意，以至宫禁之内宝座、卧榻、案头等处，随处可见如意的形影。在帝后、嫔妃的寝室中均有如意，以颐神养性，兆示吉安。

金錾花如意

金錾花如意,所属年代为清中期,长58厘米,首宽16.5厘米。器身上部弧凸,背部扁平,首、中、尾三部分外膨呈椭圆式,仿照清中期宫廷流行的三镶如意的式样而制。通体錾刻镂雕缠枝花,花纹繁复,玲珑剔透。其内中空,首、中、尾三部分分别设随形椭圆盖,以合页与器身相连,可以放置香料,设计极为巧妙。三个盖面均以碧玺为花瓣、珍珠为花芯、红宝石为花瓣、翡翠为叶片组成花卉图案。在盖上一周、整器上部边缘一周和背部边缘一周均满嵌碧玺、翡翠、蓝宝石、料珠等,形成颜色相间的宝石装饰带,其用量超过百颗。配黄色寿字结并下连丝穗。

上有所好,下必甚焉。天潢贵胄、王公大臣的雅好必然影响到民间,于是民间收藏、馈赠如意成风,有诗云"椒戚都趋珠宝市,一时如意价连城"。如意还成为富庶人家婚礼妆奁的必备之物。天津旧俗富庶人家在子女的婚嫁妆奁中常常备有如意,一般长一尺有余，多为木制或玉制，头作灵芝或云形，柄微曲，为吉祥如意之象征。在洞房花烛之夜，如意和秤杆都是用来掀起新娘红盖头的工具。秤杆，取其称心如意的口彩；如意，则取其吉祥如意的美好寓意。

瓷器：河北有名窑

故宫博物院馆藏有一只宋代磁州窑"张家造"款白地黑花竹纹枕。这只瓷枕，高10.5厘米，长28.3厘米，宽19.8厘米，呈八方形，壁有八面，枕面和底部均出边。枕壁以白地黑花的卷草纹为装饰；枕面图案是一丛篁竹，也是白地黑花。篁竹呈现出传统国画的写意手法，颇有水墨画的质感。这只瓷枕烧造的窑口为磁州窑，款识为"张家造"。20世纪70年代，故宫博物院曾进行过窑址调查工作，在宋金元时期的磁州窑观台窑址中发现了大量这种款识的

磁州窑"张家造"款白地黑花竹纹枕

瓷枕标本，说明当时有专门烧造瓷枕的窑场。

从原始陶器发展到宋代名瓷名窑遍及大半个中国，这中间历经了几千年的历史。磁州窑是我国瓷器发展史中非常重要的窑口，它见证了中国瓷器从原始陶器到精美瓷器最终成为中华文明瑰宝的发展过程。磁州窑位于今河北邯郸峰峰矿区的彭城镇和磁县的观台镇一带。彭城四周皆山，因地形而得名为"盆城"，后谐音为"彭城"。磁县以西90里有磁山产磁石，因而得名；隋设慈州，宋更名为"磁州"。7000多年前的新石器时代，此地的先民就已开始烧造陶器，磁山新石器时代遗址曾出土大量的夹砂褐陶和红陶器。两晋南北朝时期，彭城、临水（今河北磁县）的陶冶技术也趋于成熟，已经烧制出了青瓷和化妆白瓷，完成了由陶向瓷的飞跃；在考古发掘中，隋唐时期的临水窑窑址出土百余件青瓷碗及化妆白瓷器残片。宋代磁州窑发展到鼎盛时期，烧造的瓷器成为北方民间瓷器的典范，堪与当时的汝窑、官窑、哥窑、钧窑和定窑"五大名窑"相媲美，在装饰技法上相对于五大名窑有所突破，以白地黑花（铁锈花）、刻画花、窑变黑釉最为著名。民间有"南有景德，北有彭城"之说。

磁州窑在宋代虽盛极一时，但文献记载相对较少，直至明清两代关于磁州窑的记述逐渐丰富，如明代曹昭的《格古要论》、王佐的《新增格古要论》、谢肇制的《五杂俎》，清代张梦辅的《磁州志》、朱琰的《陶说》、兰浦的《景德镇陶录》和许之衡的《饮流斋说瓷》等。

在河北省境内除磁州窑作为民窑代表之外，五大名窑之一的定窑更为人们所熟知。定窑始于唐代，盛于五代，其窑址位于河北定州（今河北保定曲阳县），为宋代六大窑系之一。定窑在唐代以专烧白釉、黄釉瓷（白釉器有玉璧底碗、注壶、瓶类；黄釉器有碗、注壶等）而名声大噪；宋代发展迅猛，大量烧制白瓷，其次有黑釉、酱釉、绿釉、红釉等品种，还有"黑定""紫定""绿定""红定"等称谓。苏轼有"定州花瓷琢红玉"的诗句，来赞美定窑瓷器的绚丽多彩。元代刘祁《归潜志》说："定州花瓷瓯，颜色天下白。"靖康之变后，宋宗室南迁，定窑工匠也随之南迁，一部分到了景德镇，一部分到了吉州，称为"南定"。在景德镇生产的釉色似粉，又称"粉定"。

元明清三代，北京成为政治文化的中心。北京的文人、权贵、富豪对瓷器情有独钟。从民间到皇宫，瓷器都是重要的收藏品。北京有一地名为"磁（瓷）器口"，该地的历史可以上溯到元代。最初为"蒜市"，后在街道的北口有"景德轩"和"精品阁"两家磁（瓷）器店先后开张，生意兴隆，逐渐专营磁（瓷）器的店铺逐渐发展到数十家，街道两旁贩卖磁（瓷）器的摊位更是不计其数，清代宣统年间便改称"磁（瓷）器口"。

京城的皇亲国戚、王公大臣对于瓷器更为偏爱，至于皇宫大内更是有过之而无不及。清代查慎行《人海记》中有"磁瓶二百金"的小故事："大内牡丹盛开，神庙思以磁瓶贮之。偶江阴民有一均州瓶，高数尺许，欲得十金，或笑之。忽内臣觅进，上喜，问价几何。奏曰：'二百金。'上谕：'先给百金，如未肯，再给五十金。'"经过明清两代帝王的收藏，故宫内的瓷器精品不计其数。例如成化款斗彩高士图杯、成化款斗彩鸡缸杯、宣德款掐丝珐琅缠枝莲纹出戟花觚、康熙款胭脂紫地珐琅彩折枝莲纹瓶、雍正款珐琅彩蓝料彩山水图碗、乾隆款珐琅彩花卉纹瓶、乾隆款画珐琅八棱开光山水花鸟图提梁壶、乾隆款珐琅彩花卉瓶等。

天津为京都门户。天津博物馆收藏瓷器5000余件，其中不乏国宝级精品。如汉青釉划花弦纹瓿、西晋青釉盘口鸡首壶、东晋越窑青釉虎子、东晋青釉点褐彩蛤蟆渣斗、隋白釉双龙柄连腹传瓶、唐邢窑白釉玉璧底碗、五代越窑青釉合九字款碗、宋汝窑天青釉瓷盘、宋官窑龙纹圆洗、宋代钧窑玫瑰紫釉葵式三足洗、宋磁州窑白釉剔花兔纹八方枕、宋磁州窑张大家枕款白地黑彩题诗八方枕、金磁州窑白釉褐彩婴戏纹罐、元磁州窑白地黑彩划花龙凤纹罐、明龙泉窑青釉划花方格纹菱花口盘等。

说到天津的瓷器收藏，必然要提到的是天津旅游打卡地瓷房子。瓷房子位于天津市和平区赤峰道72号，系近代外交家黄荣良故居，是一座拥有百年历史的法式洋楼。2000年，天津市粤唯鲜文化产业投资集团总裁、董事长张连志斥巨资将它收购后改造成一座瓷楼；2007年9月3日，瓷房子正式对外开放。瓷房子共四层，除地面以外，其他建筑表层均镶嵌瓷片、瓷器。整栋建筑共用古瓷片7亿多片，古瓷瓶、瓷盘、瓷碗13000多件，历代的石雕造像300多尊，汉白玉石狮子300多件，明清时期的瓷猫枕300多个，水晶玛瑙20多吨，堪称一座价值连城的"中国古瓷博物馆"。主要景点有平安墙、瓷龙、八角莲花塔、瓷狮子等。2010年9月23日，被美国《赫芬顿邮报》评选为全球十五大设计独特博物馆之一；2011年4月，被国家旅游局评为国家AAA级旅游景区。

除了瓷房子，在天津市西青区京杭大运河畔，还有一座瓷艺园。瓷艺园由古瓷贴画琢釉工艺传承人李志文创建，是天津一家以古瓷为载体、讲述天津本土故事、弘扬中国传统文化的民办艺术馆。瓷艺园毗邻千年古镇杨柳青，园区面积3690平方米，主体建筑现评估价值为98亿元。该馆用瓷琢画的形式展示了天津发展简史、津门十景、天津码头文化、民间故事等。游客通过微观的图文可以了解天津的昨天和今天。

冰鉴：皇帝也用冰箱

故宫博物院收藏有两件清乾隆时期的掐丝珐琅冰箱。这两件冰箱通高 76 厘米，分箱体和底座两部分。箱体为木胎、铅里，箱体外部为掐丝珐琅，饰有缠枝宝相花纹。箱盖的边缘以鎏金为装饰，阳刻楷书"大清乾隆御制"六字。箱体四角包镶掐丝珐琅并饰有兽面纹。箱体底部一角有一小圆孔，起到泄水的作用。冰箱整体设计精巧，做工精细，色彩艳丽，庄重典雅。冯玉祥发动北京政变时，逊帝溥仪将其运至天津寓所，因体积过大而拍卖，被陆观虎购得。1985 年，陆观虎之女陆仪女士将其捐献给故宫。

掐丝珐琅冰箱

早在周代，我们的祖先就已凭借自己的聪明才智发明了利用冰来给食物保鲜、降温的器具——"冰鉴"。冰鉴是一件双层的器皿。早期冰鉴的材质一般是青铜。在外者为鉴，鉴内有一缶。鉴，"大盆也"；缶，"瓦器。所以盛酒浆"（《说文解字》）。夏季，在鉴和缶的空隙装冰块，缶内装酒，就可起到降温的作用。国家博物馆收藏有一件三国时期的青铜冰鉴，造型为方形，长76厘米，宽76厘米，高63.2厘米。整件器物镂雕或浮雕的勾连云纹，精美而奢华，其四面和四个角均饰有龙形耳。与之配套的还有一把长柄青铜勺，勺的长度可探到缶的底部，便于从缶中取酒。

冰鉴的材质随时代的发展而逐渐多样化。到了汉以后，笨重的青铜器被更加轻便的漆器取代，明清时期更是出现了珐琅器。鉴的形制也不断变化，明清时期就有了"冰桶""冰盆"（小说里经常提到）。

储存冰需要场地，称为"凌阴"或"凌室"，后称为"冰窖"。冰窖在产生之初曾是上层社会的专利，寻常百姓不能随便建造。到了清代冰窖发展为三类：专供皇家使用的官窖、供达官显贵使用的府窖和普通百姓的私窖。北京的窖冰业在清代最为兴旺，北京城的官窖最多时达到20多座。据《大清会典》记载，乾隆年间京城建有四处共计18座官窖，包括："紫禁城内窖五，藏冰二万五千块；景山西门外窖六，藏冰五万四千块；德胜门外窖三，藏冰三万六千七百块，以供各坛庙祭祀及内廷之用。德胜门外土窖二，藏冰四万块；正阳门外土窖二，藏冰六万块，以供公廨……之用。"

清代民间开始出现冰窖，据顾禄《清嘉录》记载，清代苏州民间藏冰已较普遍，当地人置冰窖，每逢盛夏，街坊担卖，谓之"凉冰"。距离北京120千米的天津窖冰行业也非常兴旺。清代道光年间的《津门保甲图说》及《天津卫志》中就已出现冰窖胡同的名称，它位于天津老城东门里，是大盐商李春城在此地开发建设而形成，《天津地理买卖杂字》中还有"高台阶，华家门，冰窖胡同李善人"一说。另外，昔日天津老城四角、金家窑、西北角、三条石关下、西沽及一宫附近，皆有冰窖存在，冰窖业之盛可见一斑，至1935年又成立了天津冰业同业公会。

现代人看来平常无奇的冰，在古代一直都是宝贵的稀罕物。据《大清会典》记载，康熙、雍正时期，冬至前开始采冰贮藏，"以供内廷及行幸、祭祀取用，并颁给八旗王公大臣九卿科道等官，按品支领"；乾隆时，"岁以冬至后半月，部委司官一人，募夫伐冰"；嘉庆时，"每年冬至三九后伐冰"，"自冬至六九以后窖"。清代富察敦崇《燕京岁时记》中也记载："届时由工部颁给冰票，自行领取，多寡不同，各有差等。"这说明，颁冰在清代是官员的一种福利。

隋唐时期冷饮渐渐成为人们夏季消暑的日常佳品。当时有一种叫"饮子"的饮品，以果品和草药熬制，具有一定的养生保健功效。五代王仁裕的《玉堂闲话》记载，长安城西市的一家饮子店生意兴隆，所售饮子"百文售一服"，能治疗"千种之疾"。还有一种叫作"酥山"的甜品出售，其底层是冰，上覆奶油、酥油，并饰以花朵、彩树等饰物。在唐章怀太子墓"仕女图"和唐代壁画"野宴图"中就出现了"酥山"这一美食。

宋代，商贸兴盛，冷饮店更为普遍。《清明上河图》中就画有卖"香饮子"的摊位。据记载，两宋时期的饮品种类繁多，有沉香水、荔枝膏水、苦水、白水、江茶水、杨梅渴水、香糖渴水、木瓜渴水、五味渴水、雪泡缩皮饮、杏酥饮、紫苏饮、香薷饮、梅花酒、皂儿水、沉瀣浆、漉梨浆、卤梅水、姜蜜水、绿豆水、椰子水、甘蔗汁、木瓜汁、五苓大顺散、乳糖真雪、金橘团、甘豆汤等。

元代有"舍利别"，也称作"舍儿别"，有"祛暑止渴、清心补益"的功效。马可·波罗在他的《马可·波罗游记》中记载，他在大都吃过一种叫"冰酪"的食品。

清代曾有一种叫"荷兰水"的饮料，发明者为英国人约瑟夫，同治年间传入中国，是富贵人家享受的高档冷饮，类似于我们现在喝的柠檬汽水。清代徐珂《清稗类钞·饮食类》里记载荷兰水并非荷兰人发明的，而是因为"吾国初称西洋货品多曰荷兰"的缘故。

民间还有一种给食物保鲜、降温的方法。人们在水井边用提篮盛上瓜果，然后系篮于辘轳之上，送下井去，使提篮悬浮于冰凉的井水中，这种方法称作"拔"。清代佚名《人海诗区·风俗篇》中有"六月都城偏昼永，辘轳声动浮瓜井"之句，就再现了普通人家"拔"瓜果蔬菜的场景。

1873年，德国化学家、工程师卡尔·冯·林德发明了以氨为制冷剂的冷冻机。1923年，世界上第一台由电动机带动压缩机工作的冰箱诞生，民国时期逐渐传入中国。1956年，北京雪花冰箱厂成功研制出我国第一台国产电冰箱。北京雪花冰箱厂的前身是北京医疗器械厂，它所生产的冰箱也用于医疗部门。改革开放后，中国的冰箱生产迅速发展，普通家庭开始享受冰箱带来的便利。炎炎夏日，在家里就可以享受冷饮、冷食带给我们的清爽。

钟表：计时器的变迁

故宫博物院的钟表馆收藏着很多机械钟表的精品。如铜镀金写字人钟、铜镀金象驮宝塔变花转花钟、铜镀金月球顶人打乐钟、铜镀金转皮球花钟、紫檀重檐楼阁式嵌珐琅更钟、画珐琅镶玻璃钻花怀表……其中铜镀金写字人钟高231厘米，底座77厘米×77厘米，共分四层。顶层圆亭有两人手持可伸展的圆桶形横幅做舞蹈状，舞蹈时横幅可展开，上书"万寿无疆"。第二层有一敲钟人，每逢3、6、9、12时便敲击钟碗奏出乐音。第三层为计时装置。底层是写字机械人，是此钟最精彩、新异，结构最繁复的部分。机械人为欧洲绅士模样，单腿跪地，一手扶案，一手握毛笔，机关开启后，机械人便手持事先蘸好墨汁的毛笔开始书写"八方向化，九土来王"8个汉字。尤为精妙的是，写字的同时机械人的头随之摆动，做陶醉状。这件精美的大型钟是英国伦敦的威廉森专为清宫制作的。

表，是人们日常生活必备的计时工具，它从古代传统的计时器

铜镀金写字人钟

发展到现代的表,历经数千年的历史进程。

中原地区使用圭表测影法来测定时间的历史较早。严格意义上说,它是远古时期的天文仪器。圭表的"表"就是一根垂直伫立于地面的标杆,"圭"就是于正南正北方向平放的测定表影长度的刻板。古人通过观察"表"在阳光照射下影子长短的变化反映在"圭"上的刻度来测定时间。其具体设置、测定方法在《考工记》和《周髀算经》中均有记载。圭表是天文仪器,还不是我们所说的计时器,真正意义的计时器应该是日晷。"日"即太阳,"晷"即影子。日晷测时的原理与圭表大体相同,就是根据物体在阳光照射下影子的长短及方向的变化测定时间。《汉书·律历志·制汉历》一节中记载太史令司马迁建议共议"乃定东西,主晷仪,下刻漏"。日晷的构成包括铜制的指针——晷针和石制的圆盘——晷面。晷针相当于圭表中的立竿,垂直地穿过圆盘中心;晷面,安放在石台上,南高北低,与天赤道面平行。晷针的上端指向北天极,下端指向南天极。晷面两面都有子、丑、寅、卯、辰、巳、午、未、申、酉、戌、亥十二时辰的刻度,每个时辰又等分为"时初"和"时正"。

中国使用日晷的历史非常悠久,早在3000多年前的周朝就开始使用了。日晷的使用结束了人们看天晓时的历史,但是阴天和夜晚没有阳光的时候,日晷的功效无法发挥,必须有漏刻的配合,人们才能随时了解时间的变化。漏刻,也叫"漏壶""滴漏",最早记载见于《周礼》,目前出土年代最早的漏刻是西汉时期的。"漏"是指带孔的壶,"刻"是附有刻度的浮箭。漏刻分泄水型和受水型两种。早期漏刻多为泄水型,水从漏壶孔匀速流出,漏壶中的浮箭随水面下降,浮箭上的刻度指示时间;受水型漏刻的浮箭在受水壶中,随水面上升指示时间。受水壶也称"箭壶",为了获得更为匀速的水流,可以在下面分设多个受水壶。现存于北京故宫博物院交泰殿中的铜壶滴漏是清乾隆十年(1745年)制造的,最上面漏壶的水从雕刻精致的龙口流出,依次流向下面的箭壶,箭壶盖上有个铜人抱着箭杆,箭杆上刻有96格,每格为15分钟,人们根据箭杆处的标志来计算时间。在元代,还出现了沙漏。

詹希元发明了五轮沙漏。他创制的五轮沙漏增加了机械齿轮组，用流沙的动力推动齿轮组转动。可惜的是詹希元发明五轮沙漏不久，元朝灭亡，他的发明没有得到推广。

近代西方的机械钟表是在明末传入中国的。1601年，意大利传教士利玛窦献给明代万历皇帝两座自鸣钟。据说，为了使其适应中国的计时习惯，利玛窦还对其进行了改造，将24小时改成了12时辰，将阿拉伯数字改成了中国数字。18世纪后，清代宫廷大量使用机械钟表。这些钟表以英国产品居多，亦有法国、瑞士等其他西方国家的，还有中国自行制造的。这些钟表不但具有基本的计时功能，还巧妙地利用机械联动原理，使上面的人物、鸟兽、花卉等装饰物不断变化，呈现出不同的姿态。

机械表传入中国，并没有迅速普及，最初只是皇家及达官显贵的奢侈品。直到20世纪七八十年代，机械表还是日常生活中的贵重物品。天津相声名家魏文亮、孟祥光《要条件》的那句台词"没有西马表甭打算订婚"，至今让人记忆犹新。西马表是当时的外国品牌手表，一度成为当年结婚彩礼的重要聘礼之一。其实，当时咱们的国产手表也有响当当的品牌，那就是海鸥表。海鸥表的前身是东风手表，生产厂家是天津手表厂。1955年，在仅有一台旧车床、一台小铣床、一台小钻床、一把卡尺和一把千分尺的艰难条件下，中国第一块手表——"五星表"在天津手表厂诞生。后来，制表技术不断完善,新型机械腕表"东风表"研制成功。1973年,东风表以"海鸥表"的商标进入国际市场,一下子就变成备受追捧的香饽饽,引发大规模抢购。

钟表,作为日常生活用品,在我国还有一个禁忌,那就是不能作为礼物赠送,尤其是不能送给长辈。因为"钟"与"终"谐音,"送钟"谐音"送终",为人所忌讳。相声名家常宝霆、白全福的《别扭话》中就有外甥给舅舅送修理的座钟,因为一句"舅舅,我给您送钟(终)来了"而闹出笑话的桥段。

二 文房器物有名姓

笔墨纸砚是中华传统文化的载体。文人雅士凭借它们发挥天马行空的想象,创作了无数的诗词歌赋、笔墨丹青。它们与我们结下了不解之缘,并成为我们难以割舍的器物。正因为对它们的钟爱,文人墨客通过奇思妙想,把它们人格化并赋予它们籍贯、名姓、官职……

毛笔：管城侯毛颖

"绝漠功虽大，长城怨亦深。但知伤地脉，不悟失人心。"这是宋代诗人刘克庄为秦朝大将蒙恬所写的诗。蒙恬北击匈奴修筑长城，是一代战神。但你知道吗？他还被誉为造笔的始祖。

据传说，蒙恬受命讨伐楚国，在中山国（今河北中部）停留。为恫吓楚国达到不战而屈人之兵的效果，他举行大型的狩猎行动。狩猎前，用连山占卜预测天时和人和的情况。占卜者恭贺道："这次要捕获的就是神的后裔——兔子，您取它的毛，可以用来作为书写的工具，如果天下都用它来书写，秦最终将统一天下！"于是狩猎开始，果然如占卜者所说，蒙恬就用兔毛制成了毛笔。此后，他不断地改良，因地制宜利用狼毛和羊毛做笔头，制成了早期的狼毫和羊毫笔。后唐马缟《中华古今注》载：蒙恬始作秦笔，以枯木为管，鹿毛为柱，羊毛为被，谓之"苍毫"。北宋李昉等《太平御览》引《博物志》曰："蒙恬造笔。"元代方回《赠笔工杨日新》中说："上古仓颉初制字，后人蒙恬始造笔。"可见，蒙恬造笔说是被许多人认可的。

然而，事实并非如此。商代的甲骨文上已经出现了毛笔书写的痕迹。研究表明，3000多年前的商朝，中国人主要是用毛笔在竹简上书写的，只不过竹简以及上面的毛笔字不能长久保存，唯有坚硬的甲骨保存了下来。西晋张华《博物志》也有"舜造笔"的记载。《说文解字》中对"笔"解释曰："楚谓之聿，吴谓之不律，燕谓之弗，秦谓之笔。"可知战国时期，"笔"已经广泛存在，不过在各国的名称不同，蒙恬作为秦朝将领，发明笔的说法是不可靠的。1954年，考古工作者在湖南长沙一处战国墓葬群中，发掘出一支2000多年前的战国毛笔，被认为是中国迄今发现的最早的毛笔，这支笔的制作时间应早于蒙恬生活的时代。蒙恬应该是对毛笔进行了改造。西晋时渔阳有一个叫崔豹的人，他认为蒙恬造的是秦笔。他在自己的著作《古今注》中说："古之笔，不论以竹以木，但能染墨成字，即谓之笔。秦吞六国，灭前代之美，故蒙恬得称于时。蒙恬造笔，即秦笔耳。"清代学者赵翼说得就更为明确："笔不始于蒙恬明矣。或恬所造，精于前人，遂独擅其名耳。"

蒙恬虽非毛笔的始创者，但他对于毛笔的改良促进了中华文化的发展，亦是功不可没的，至今造笔业仍把他奉为行业的祖师。相传蒙恬曾在善琏村（今浙江湖州善琏镇）取羊毫制笔，在当地被人们奉为"笔祖"。其夫人卜香莲也精通制笔技艺,被奉为"笔娘娘"。蒙恬夫妇将制笔技艺传授给村民,使这个村成为毛笔之乡。为了纪念蒙恬,当地笔工在村西建有蒙公祠,又将绕村而过的小河易名为"蒙溪",蒙溪又成了善琏的别称。当地每逢蒙恬和卜香莲的生日(农历三月十六日和九月十六日),村民们就要举行盛大的敬神庙会。

毛笔的种类繁多,以毫分有狼毛笔(狼毫,即黄鼠狼毛)、兔肩紫毫笔(紫毫)、鹿毛笔、鸡毛笔、鸭毛笔、羊毛笔、猪毛笔(猪鬃笔)、鼠毛笔(鼠须笔)、虎毛笔、黄牛耳毫笔、石獾毫等,其中以兔毫、羊毫、狼毫为佳。我国民间还有以婴儿的胎毛制笔的习俗。以尺寸分有小楷、中楷、大楷以及更大的屏笔、联笔、斗笔、植笔等。以笔毛弹性强弱分,有软毫、硬毫、兼毫等。

在历代造笔匠人的努力下,出现了不少的名笔:浙江湖州的湖笔、蜀中川笔、河南的太仓毛笔、河北的侯店毛笔、湖南湘阴的长康毛笔以及江西文港文笔。尤以善琏湖笔闻名遐迩,素有"笔颖之颖技甲天下"之称。《湖州府志》记载:"元时冯庆科、陆文宝制笔,其乡习而精之,故湖笔名于世。"毛笔的精品也成为人们收藏的对象。在故宫博物院文房器物类文物中,收藏有两支明万历年间的毛笔,这两支毛笔或纹饰富丽堂皇,或器形古朴大方,尽显皇家气象。

毛笔（明万历年制笔，故宫博物院藏）

万历款彩漆嵌金银片龙凤纹管笔（故宫博物院藏）

其中万历款彩漆嵌金银片龙凤纹管笔以竹制笔管，并在上面涂以彩漆，再嵌以金银片，体现了中国古代皇家艺术的风格。笔管上的金银片嵌饰工艺，被称为"金银错"或"错金银"，是一种古老的金属镶嵌技术，通过在器物表面刻画图案，再将金银丝嵌入图案中，最后打磨光亮，使金银与器物表面形成平滑的一体，显得华丽而高贵。从古至今，文人墨客非常重视书写工具的质量和外观，认为这不仅反映了个人品位，还体现了对文化的尊重。万历款彩漆嵌金银片龙凤纹管笔不只是书写工具，更是一种艺术品和身份的象征。

笔，自产生之日就为文人墨客所钟爱，人们将它作为文房四宝之一，甚至视之为不可须臾分离的挚友。因韩愈奇文《毛颖传》，毛笔被人格化，有了名姓、籍贯、官职。在《毛颖传》中说毛笔系中山人，姓毛，名颖，封于管城，号曰"管城子"，官拜中书令。后来，毛笔的名姓、官职也不断地变化，有人说他姓毛，名锐，字文锋，乃宣城人，他还历任管城侯、墨曹都统、墨水郡王、毛椎刺史。

随着时代的发展，作为日常书写工具的毛笔虽然为硬笔所取代，但以毛笔创造的国粹——书法、国画必将薪火相传。

墨：玄香太守陈玄

历史上有这样一个"人物"。此人为燕人，姓易，名玄光，字处晦。你知道他是谁吗？他就是文房四宝之一的墨。因易州（今河北易县）是墨的重要产地而得姓，又取名"玄光"来形容墨之色泽。由此看来，墨和毛笔一样与燕赵大地有着密切的关系。

墨，作为文房四宝之一，历史悠久，灿烂的中华文明，在悠长的墨韵中熠熠生辉。墨的正式发明应该晚于毛笔，史前的彩陶纹饰、商周的甲骨文、竹木简牍、缣帛书画等都留下了原始用墨的痕迹。《庄子·田子方》中说："宋元君将画图，众史皆至，受揖而立；舐笔和墨，在外者半。"这说明至少在春秋时期就已经有了使用墨的记录。汉代以前以天然墨为主，到了汉代开始出现人工制墨。

墨分"松烟墨"和"油烟墨"两种。所谓松烟墨，是以松木烧出烟灰作原料的墨。宋代制墨业在墨史上占有重要地位，不仅松烟墨的制造技术取得质的飞跃，还出现了油烟墨。松烟墨的制作

第二章 文房器物有名姓

需要大量肥腻、粗壮的古松作原料，这对于自然环境的破坏极为严重。宋代晁贯之《墨经》记载："自昔东山之松，色泽肥腻，性质沉重，品惟上上，然今不复有，今其所有者，才十余岁之松。"宋代沈括《梦溪笔谈》中也说："今齐、鲁间，松林尽矣，渐至太行、京西、江南，松山大半皆童矣。"由此可见，宋代已出现墨源匮乏的现象，急需寻求代替松烟墨的原料，油烟墨也就应运而生。明代油烟墨的生产达到了中国古代历史的最高水平。油烟墨的主要燃料是桐油、菜籽油、胡麻油等植物油，因油类燃料燃烧后蒸发的炭黑含有脂类成分，故墨的磨口有光泽，比较适合书画创作，书写行书、楷书笔画流畅，画山水、花鸟，墨色鲜润而有神采。松烟墨主要用松木作燃料，取其烟制墨。松烟与油烟相比，乌黑但无光泽。古时取黄山多年的松木为燃料，木料中有一定松脂，所以早年的松烟墨比纯油烟墨墨色有另一番味道。除了一般的墨之外，还有一种自制墨，是文人雅士根据自身的喜好所定制收藏的墨，上面或署有墨家名款，或署制者名款。

徽墨，是墨中的精品，主要产地在安徽的黄山和宣城。徽墨有落纸如漆、色泽黑润、经久不褪、纸笔不胶、香味浓郁、丰肌腻理等特点，素有拈来轻、磨来清、嗅来馨、坚如玉、研无声、一点如漆、万载存真的特点。

在古代，墨不仅用于书画，还用于刑罚，是为"墨刑"，又名

"黥刑"。墨刑是上古五刑之一,即在犯人的脸上刺字,然后涂上墨,作为罪犯的标志。这是一种侮辱性极强的刑罚,直至清光绪三十二年(1906年)修订《大清律例》时才被彻底废除。受墨刑的著名历史人物极多,如秦末汉初名将英布,因其触犯秦律被处以黥刑,因此又称"黥布"。此外,还有唐代武则天身边的才女上官婉儿、《水浒传》中的宋江和武松等等。

当然,墨最主要的用途还是用于书画。它是文人不可或缺的宝物,因此文人又被称为"墨客"。他们挥毫泼墨,抒发性情,写就绚丽的诗篇,绘成多彩的画卷。"我家洗砚池头树,朵朵花开淡墨痕。"淡淡的墨色,在文人骚客的心里不仅是一种色彩,更是一种情致,一种精神。

墨,是文人的爱物,和笔一样也被文人人格化,也有了姓氏、名字、籍贯、官职。除上文提到的易玄光之外,还有绛人陈玄。古时绛州(今山西新绛县)所产之墨为朝廷贡品,而墨又以积年、浓黑者为上品,故文人雅士以"绛人陈玄"称之。"陈"即"旧",代表时间久远;"玄"即"黑",指上等佳墨色泽黑而泛光。墨多以松烟制成,品质上乘的还要添加香料,故封之为"松滋侯""黑松使者""玄香太守""亳州楮郡平章事"。

墨,不仅是书写耗材,还是上佳的收藏品。故宫博物院收藏有大量的徽墨,如吴初阳庐山松烟漱金墨、孙瑞制卿神品龙凤纹墨、

吴初阳庐山松烟漱金墨（故宫博物院藏）

程君房蟠螭纹圆墨、罗小华半桃核式墨、江正制玄玉墨、罗小华款曹娥碑墨、方于鲁制文彩双鸳鸯墨、汪节庵仿古泉式墨、胡开文大富贵亦寿考五色墨等。

纸：白州刺史褚知白

燕山脚下的河北唐山流传着一首"十三香"小调："小小的纸四四方方，东汉蔡伦造纸张，尧舜和禹开帝业，三皇治世立祖疆。皇帝驾前龙书案，圣旨一到定安邦，纸儿虽小用处大，各行各业用纸张……"这首小调唱出了纸的历史与用途。

造纸术是中国的四大发明之一。纸张出现之前，我们书写的载体经历了甲骨、竹简木牍、丝帛的阶段，但这些材料或沉重或昂贵，不利于大规模应用。纸的出现给文化的广泛传播带来了曙光。但所谓蔡伦造纸之说并不准确，确切地说是蔡伦改进了造纸术。东汉班固《汉书·外戚传》中，就记载了汉成帝时期用纸包药的事例。在甘肃天水放马滩、敦煌马圈湾烽燧遗址和敦煌甜水井汉悬泉邮驿遗址出土的西汉纸都早于蔡伦改进造纸术100余年。那时造纸的原料主要是破布和树皮。破布主要是麻纤维，品种主要是苎麻和大麻；树皮主要是檀木和构皮（即楮皮）。加之此时造纸术尚处于初期阶段，工艺简陋，所造出的纸张质地粗糙，表面也不平滑，尚不适宜于书写，只能用于包装。

南朝宋范晔的《后汉书·宦者列传》记载："（蔡）伦乃造意，用树肤、麻头及敝布、渔网以为纸。"蔡伦改进的造纸术解决了西汉造纸质量差、不便书写的缺点，并降低了造纸成本，为纸的广泛应用奠定了基础。蔡伦所造的纸人称"蔡侯纸"。

至晋代时，纸最终取代帛简成为主要书写材料。唐代发明了雕版印刷术，开始了书籍印刷，这无疑促进了造纸业的发展。纸的质量、产量都得到提高，价格也不断下降，日常生活用纸也开始普及。唐代的绘画艺术作品已经有不少纸本的，正反映出造纸术的提高。

随着造纸术的不断发展，还出现了唐代的"硬黄"、五代的"澄心堂纸"等名贵纸张。在各地所产的纸张中，尤以安徽宣城泾县所产的宣纸质量最优，享有"千年寿纸"的美誉，在唐代就已经是皇家贡品。宣纸分为生宣、熟宣、半熟宣三类。生宣的吸水能力比较强，适于写大字、作写意画；熟宣是在生宣的基础上再加一层矾水，主要用来写小字、作工笔画；半熟宣是介于生、熟宣之间的一种纸，主要用作半工笔半写意画，有的也用作隶、篆、楷等书法书体。宣纸有一个特性，就是时间越久，纸中的物质与空气中的氧和水分子结合得越紧密，化学性质越稳定，纸越柔和，专业术语叫"褪了火气"。一张好的宣纸甚至可以保存近千年。

宣纸（故宫博物院藏）

这样的纸着色均匀，有层次感，更能展示书画者的艺术造诣，因此老宣纸可谓一纸难求。2011年3月，中国嘉德拍卖会上，8张老宣纸以20万元的价格成交；2012年5月，150余刀以"红星牌"为代表的陈年老宣纸拍得260万元。电视剧《铁齿铜牙纪晓岚》中有文具店的掌柜向乾隆帝和纪晓岚推销自己店里的老宣纸的情节。其实乾隆帝哪里看得上他店里的这些陈年宣纸，他的紫禁城里上好的陈年宣纸不计其数，至今故宫博物院还收藏着很多不同规格、不同年份的宣纸。

纸，在古代还有私人定制。唐朝女诗人薛涛居浣花溪上，自造桃红色的小彩笺，用以写诗，与白居易、元稹、刘禹锡、杜牧等人诗词往还，因而闻名于当时，人称"薛涛笺"。唐末韦庄《乞彩笺歌》有"浣花溪上如花客，绿阁深藏人不识。留得溪头瑟瑟波，泼成纸上猩猩色"之句，说的就是"薛涛笺"。

第二章 文房器物有名姓

纸作为文房四宝之一，为文人墨客所喜爱。他们用纸为载体，抒写人生，描绘自然。一首首气韵灵动的诗词，一张张意境高远的工笔写意，一幅幅龙飞凤舞的墨宝，成为中华传统文化的经典。因为文人的喜爱，纸与笔墨一样，被人格化，具有人的籍贯、名姓。其籍贯为会稽郡，姓褚名知白。因古时会稽在浙江绍兴，出产贡纸；楮树之皮是造纸的上等原料，而"褚"与"楮"音同形近，故称纸为会稽褚知白。另外也有人因华阴多产纸，称褚知白为华阴人士，字守玄。纸，不仅有籍贯姓氏，还有官职。因纸性柔韧，能记录文字，可随意裁剪，且以洁白者为佳，故被封为"好畤（侍）侯""文馆书史""白州刺史""统领万字军略道中郎将"。

旧时，燕赵大地有一种敬惜字纸的习俗。这虽为各地的通俗，但是在畿辅地区尤为盛行。清代潘荣陛《帝京岁时纪胜》记载："香会，春秋仲月极胜，惟惜字文昌会为最。"天津文史馆馆员、天津美术学院客座教授许杏林在《天津旧时节令》一文中回忆：祭拜过去文人敬惜字纸，成立敬惜字纸会社，如崇文、广善、德文、拾遗等社。著名津派作家林希在《犄角旮旯天津卫·爱惜字纸》一文中写道，他读中学的时候，每天都到城厢区文化馆阅报室去看报，每次都会看到一位衣衫整洁、长相斯文的老人手里提着一个布兜子，布兜上写着娟秀的"爱惜字纸"四个字。每发现一张褶皱的字纸，老人都会小心翼翼地捡起来，把它铺平叠好，放到布兜里。

后来他从阅报室管理员那里得知，这位老人也是一位读书人，而且是敬惜字纸会社的成员，他们这些人每天的一项重要工作就是收集被人丢弃的字纸。老年间，北京、天津及河北各地，均时常可以看到街头有人拾字纸。"敬惜字纸"在我们今人看来或许会感到不可思议，一张普普通通的字纸何以令人敬惜到这种地步？

纸作为文化的载体，历来为人们所敬惜。中国人历来尊师重教，敬重文化，因而爱屋及乌，对纸张也极为珍惜。北齐颜之推《颜氏家训》："吾每读圣人之书，未尝不肃静对之；其故纸有《五经》词义及贤达姓名，不敢秽用也。"这开启了敬惜一切字纸的先河。道教文昌帝君信仰在敬惜字纸习俗的形成过程中影响也很大。《文昌帝君劝敬字纸文》《文昌帝君惜字真诠》等劝善书在敬惜字纸习俗中发挥着重要作用。各地方政府甚至推出了各自的"惜字条约"。历史上，燕赵大地虽金戈铁马征伐不断，慷慨悲歌之士层出不穷，但对文化的尊重相对于其他地区毫不逊色，甚至犹有过之。元明清三代，北京作为首善之区对文化的重视自然不言而喻，并影响到了畿辅地区，于是京津冀三地敬惜字纸的习俗尤甚。清代富察敦崇《燕京旧俗志》记载："污践字纸，即系污蔑孔圣，罪恶极重，倘敢不惜字纸，几乎与不敬神佛、不孝父母同科罪。"社会各界自士大夫下至贩夫走卒对字纸都怀有一种特殊的敬畏。于是人们对于有字的废纸不乱扔，不践踏，不损毁，收集起来集中焚烧处理。很多地区都有在文昌会集中焚烧字纸的习俗。

纸,还丰富了汉语的词汇系统。带有纸字的成语有:形容著作风行一时的"洛阳纸贵"、代指社会舆论的"纸笔喉舌"、指代从事写作的"纸田墨稼"、形容落笔挥洒自如的"纸落云烟"、形容情意深长的"纸短情长"、形容书画残缺不全的"断缣寸纸"等等。以"纸"设喻的俗语有:秀才人情纸半张,纸里包不住火,心比天高、命比纸薄,人情似纸张张薄,等等。

砚：即墨侯石虚中

2018年5月18日，"砚德清风——故宫博物院藏清代宫廷用砚精品展"在神武门展厅开幕。这次展览共展出清代宫廷藏砚140余件，主要是康雍乾时期的御用砚，诸如松花石雕山水人物图砚、松花紫石嵌蚌池砚、青玉凤螭纹随形砚、翠玉桃形砚、端石雕海棠诗文砚、菊花诗文砚、澄泥虎符形砚、端石铜鎏金福寿纹葫芦形暖砚、歙石铜镀金龙纹匣暖砚等。这些砚中精品不仅令参观者大饱眼福，更使参观者对中国砚文化有了直观的了解，激发了人们对传统砚文化的兴趣。

河北易县是我国墨和砚的故乡。据《墨史》《保定名产》记载，徽墨创始人奚超、李廷圭父子在易水终南山津水峪发现了"易水砚"。易水砚也称"奚砚""燕畿乌金砚"，是石砚鼻祖，与广东的端砚齐名，有"南端北易"之称。2008年易水砚制作技艺被评为"国家级非物质文化遗产"。易水砚的砚石是取自易水河畔一种色彩柔和的紫灰色沉积岩，有紫、绿、白、褐等几种色，砚

第二章 文房器物有名姓

白玉砚（故宫博物院藏） 端石双龙砚（故宫博物院藏）

石上还天然点缀有碧色、黄色斑纹，这种砚石石质细腻，柔硬适中，色泽鲜明，是制砚的上佳原料。随着奚氏父子南渡，易水砚的制作工艺也被带到了歙州，并逐渐传到了广东肇庆，影响带动了端砚的发展。至今在安徽老胡开文墨厂还有"传承古易水，奇珍握墨绝"的对联。

作为文房四宝之一，砚的历史也极为悠久。秦汉时期，已有陶砚、瓦砚、铜砚、漆砚等砚。明代王三聘《古今事物考》中记载："自有书契，即有此砚。盖始于黄帝时也。"北宋苏易简《文房四谱》中记载："昔黄帝得玉一纽，治为墨海焉。其上篆文曰：'帝鸿氏之砚'。""墨海"为砚的别称，但黄帝时期就已经使用砚，当是后人附会，不可信。据考古发现，陕西宝鸡的北首岭遗址和西安的姜寨遗址均出土了古砚，距今 5000 余年，两砚出土时臼中残存红色颜料，说明它们都是兼有调色功能的研磨器。这大约是砚的滥觞。唐代徐坚《初学记》卷二十一中记载:"鲁国孔子庙中,夫子床前有石砚一枚,作甚古朴,盖夫子平生时物。"可以确认砚的出现应不晚于春秋时期。汉代出现了人工制墨,砚也随之发展起来。东汉崔寔《四民月令》中有"砚冰释,命幼童入小学,学篇章""砚冰冻,命幼童读《孝经》《论语》篇章,入小学"等句,可作为砚在汉代得以发展的佐证。

除"墨海"以外,砚还有很多雅称。墨池,大砚称"海",小砚称"池"。砚池,晋代傅玄《砚赋》云:"芦方圆以定形,锻金铁而为池。"砚瓦,宋代邵博《邵氏闻见后录》曰:"砚瓦者,唐人语也,非谓以瓦为砚,盖砚之中必隆起为瓦状,以不留墨为贵。"砚山,明代高濂《遵生八笺》曰:"砚山始自米南宫,以南唐宝石为之,图载《辍耕录》,后即效之。"

和其他文房器具一样,砚也有人格化的姓名、官职、籍贯。下面列举其要:即墨侯,唐代文嵩作《即墨侯石虚中传》,称砚姓石,名虚中,字居默,封"即墨侯"。万石君,宋代苏轼作《万石君罗文传》,称其于文治有功,封"万石君"。陶泓,唐代韩愈《毛颖传》中说:"(毛)颖与绛人陈玄、弘农陶泓,及会稽褚先生友善,相推致,其出处必偕。"石友,宋朝王炎有"剡溪来楮生,歙穴会石友"的诗句,楮生指的是纸,石友指的就是砚。

我国的名砚数不胜数。砚以石质材料为主,洮州(今甘肃省卓尼县）的洮河石、端州（今广东肇庆）的端石、歙州的歙石制作的砚台，分别称作洮砚、端砚、歙砚，与虢州（今河南灵宝附近）等地的澄泥砚并列为中国四大名砚。除上述四大名砚以外，唐宋时期还有很多砚中名品，如青州石末砚等。《旧唐书·柳公权传》中说："（柳公权）常评砚，以青州石末为第一，言墨易冷，绛州墨砚次之。"宋代名砚更多于唐代，米芾在《砚史》中记录了玉砚、唐州方城县葛仙公砚石、温州华严尼寺砚石等25种，《砚笺》中扩充为65种。此外，松花砚、龟山砚、红丝砚、龙尾砚等，都是砚中的名品。北宋还出现了大量砚的专著，苏易简所著《文房四谱》、米芾所著《砚史》均是研究砚的发展、制作的重要著作；此外，《四库全书总目》中还著录了《歙州砚谱》《砚谱》《歙砚说》《辨歙石说》《端歙砚谱》等图书。

砚作为文房器具将使用价值和艺术价值完美融合在一起，因此也具有极高的收藏价值。历代不乏收藏古砚者。民国时期，天津有一位大收藏家叫徐世章。徐世章是民国大总统徐世昌的族弟，字端甫，号濠园。早年在北洋政府交通部、陇海铁路局等处任职。徐世昌下野后，徐世章也回到天津当寓公。他一生雅好收藏，所收藏品品类之多、物品之精、数量之大闻名遐迩，尤以古砚为最。他曾将自己的书斋命名为"宝砚室"，还刻过一枚"闲人以砚为忙事"的闲章，可见其对古砚的钟爱。在他收藏的古砚中有明代顾从义摹刻的"石鼓砚"以及"金大定钱形款红小砚"等精品。他每每得到佳砚，就赋诗题咏、撰写砚铭者生平，后请北京传拓名家周希丁及其助手傅大卣耗时七年将自己收藏的古砚进行传拓，编成《濠园砚谱》。1954年，徐世章去世，家人遵照他临终前的嘱托，精选出藏品2549件捐献国家。这些藏品现收藏于天津艺术博物馆，其中古砚最成系统，居国内各博物馆之冠。

砚也可以作为礼物相互馈赠，既可以表达挚友之间的深厚情谊，又可以表达亲人的期许与愿望。北宋元丰七年（1084年），苏轼长子苏迈被朝廷任命为饶州德兴（今江西德兴）县尉。临别之际，苏轼将一方石砚赠予苏迈，并在砚底铭诗一首，曰："以此进道常若渴，以此求进常若惊。以此治财常思予，以此书狱常思生。"苏轼用这种方式警示苏迈要不断学习精进，恪守为官的本分，可谓用心良苦。苏迈也没有辜负父亲的一番苦心，为官勤勉廉洁，颇有政绩。《德兴县志》这样评价苏迈："文学优赡，政事精敏，鞭朴不得已而加之，民不忍欺，后人仰之。"

砚还是操守的象征。古砚多用铁、铜、银、石、瓦、陶、澄泥、玉、漆等制成，因此有方正、忠诚、坚定、勇毅、廉洁等象征意义。南宋岳飞持有一方端砚，上刻有"持坚守白，不磷不缁"八个字，表达了他坚贞忠勇的操守。《宋史·包拯传》中记载了北宋名臣包拯"不持一砚归"的一段佳话。相传，包拯在端州知府任上，勤政爱民，清正廉洁，为当地百姓所爱戴。离任时，全城男女老幼都来送行，其中不乏馈赠礼物者，包拯一一拒绝。包拯一行人启航时风和日丽，舟行至羚羊峡风云突起。查问后，他发现书童接受了别人送给的一方端砚。包拯随即把砚抛入江中，还于端州。

砚，也丰富了汉语的词汇系统。带"砚"字的成语，除了比喻从事脑力劳动以读写为业的"笔耕砚田""文业砚田"之外，"磨穿枯砚""磨穿铁砚"均比喻读书、习字用功而有恒心。这方面的典范非王羲之莫属。山东省临沂市砚池街王羲之故居内有洗砚池，又名"砚池""墨池""鹅池""泽笔池"。相传王羲之幼时练习书法经常到池中洗刷砚台，以至于池水呈墨色，人称"洗砚池"，元代王冕的《墨梅》一诗就化用了此典。

砚，作为古代文人的书房必备，现在逐渐淡出了大多数人的视野，成了传统文化的一个符号和人们心中的记忆。

三 节日物件呈喜庆

中华民族的传统节日，涵盖了原始信仰、祭祀文化、天文历法、易理术数等人文与自然文化内容，蕴含着深邃丰厚的文化内涵。节日器物则是节日文化的重要载体，它们以独特的形制传承着中华民族几千年来形成的节日文化，寄寓着人民对美好生活的向往。

第三章 节日物件呈喜庆

年画：地域文化的名片

"年画"一词最早见于清末宝坻（今天津宝坻区）人李光庭所著《乡言解颐》，书中"贴年画"被列为"新年十事"之一。天津杨柳青、山东潍坊、四川绵竹、江苏桃花坞四地的年画并称为"中国四大木版年画"，尤以天津杨柳青、江苏桃花坞为最，素有"南桃北柳"之说。年画，是地方的文化名片，是很多人儿时的回忆。

早年间，每到腊月，在天津天后宫附近的宫南宫北大街、北马路、北门里、估衣街、侯家后、官银号等处就自发形成了年货市场，尤以宫南宫北大街最为盛大。卖爆竹、头花、各种吃食、福字、春联、窗花、吊钱、年画的，应有尽有。李琴湘《天津过年歌》中写道："卖年画，写春联，窗户花，合吊钱。石榴花，赛鲜花，门神还有灶王龛。"其中张挂着五颜六色的年画摊位最引人注目。

那时的杨柳青年画取材多样，内容丰富。寓意吉祥的年画琳琅满目，如《连年有余》《富寿平安》《麒麟送子》《五子夺莲》《五谷丰登》等；各种戏出年画也是丰富多彩，如《三打祝家庄》《草船借箭》《杜十娘怒沉百宝箱》《羊角哀舍命全交》《晴雯撕扇》《文姬归汉》《忠义堂》等；还有历史故事、民间传说年画，如《六国封相》《老鼠娶亲》《乾隆看画》等。据老人们讲，天津旧城区西北角外的西大湾子大街是杨柳青年画的集散地。这里早年间是一处繁华的码头。无论是车载走南运河大堤，还是趁冰冻封河跑凌床子，这里都是走运河线的第一站。后来运河裁弯取直，这里不再是码头，临近各县的商贩仍到这里来趸货，直到1945年，这里的年画市场仍经久不衰。

杨柳青是大运河边的小镇，这里的年画俗呼"卫抹子"，鼎盛时期"家家会点染，户户善丹青"。杨柳青年画产生于元末明初，当时有一名长于雕刻的民间艺人避难来到杨柳青镇，逢年过节就刻些门神、灶王出卖，镇上的人争相模仿。到了明代永乐年间，大运河重新疏通，南方精致的纸张、水彩运到了杨柳青，使这里的绘画艺术得到了极大发展。最早经营杨柳青年画的画店为戴莲增、齐健隆两家，后来又有很多画店相继开业，例如莲增、美丽、莲增丽、健隆、惠隆、健惠隆等。

杨柳青年画在中国木版年画中以生动而有趣、优美而真实的内容、装饰性的构图、艳丽的色彩独树一帜。它是民间木版年画中涉猎题材最多的年画，它的内容涉及历史故事、神话传说、戏剧人物、世俗风情、山水花鸟等十几个门类、上千个品种。

第三章 节日物件呈喜庆

最深入人心、最受世人欢迎的是各种寓意吉祥的画作。如《连年有余》（俗称"娃娃抱大鱼"），它不仅以谐音的方式寓意吉祥，而且画中的娃娃和鱼都有讲究。娃娃手持莲花，头上的发髻左边是女孩的样式，右边是男孩的样式，左女右子，合成一个"好"字；娃娃怀里抱的鱼由鲤鱼头、鲫鱼身、金鱼尾组成，象征着富贵吉祥。整幅画构图巧妙、生动活泼。有一首民谣是这样描写这幅画的："莲花粉生生，荷叶绿葱葱，大胖小子精灵灵，怀抱大鱼扑棱棱。"

戏出年画更是丰富多彩，很多天津人儿时对历史的了解大多是从年画里得来的。冯骥才主编的《中国木版年画集成·俄罗斯藏品卷》中收入了多幅俄罗斯收藏的杨柳青戏出年画，如庆德厚画店印制的《青风寨》《翠华宫》，南公兴店印制的《皇后骂殿》《乾坤带》《举鼎观画》，广义德画坊印制的《双官诰》《一封雪》，恒裕厚画坊印制的《教子》等，都惟妙惟肖地再现了当年舞台上京剧、梆子等戏曲演出的场景，令人赞叹。

杨柳青年画擅长画美女，清末民初杨柳青年画出现过摩登女郎的题材。《刘二姐拴娃娃》中的刘二姐烫发，着旗袍，穿高跟鞋，风姿绰约。画作上文字写着："二姐天生窈窕体，许多商人将她看：卖茶汤的眼差冲了手，手疼碗落摔了七八瓣；卖烧饼的直眼看二姐，来了恶狗吃去了多半篮……"

杨柳青年画重视与时俱进，这与天津开埠有关，中西文化在津沽交汇，影响了天津卫的风俗与时尚。有一幅题为《新刻天津紫竹林跑自行车》的画作，画面上，洋楼林立的紫竹林租界街头，3名青年男女正在表演单人和双人车技，旁边既有西装革履的洋人指手画脚、叹赏不绝，又有中国的男女老少喝彩叫好，从中我们直观地了解到旧时租界的生活场景。

杨柳青年画的画师们，在艺术实践中积累了大量的创作方法和技艺方面的心得经验。王树村《中国民间画诀》一书从绘事总诀、人物仙道、鸟兽山水等不同角度较为全面地汇集整理了杨柳青年画一系列的独特技法。比如"五部三停看头型，高矮再照脑袋衡，罗汉神怪不在内，再除娃娃都能行五部"，所谓"五部"就是人的脸部宽度应该是五个眼阔，"三停"就是人的头部分为发至眉、眉至鼻准、鼻准至下颌三部分。画人物头部要遵循"五部三停"的基本规律，身体的高矮再参照头部的长度来平衡；但这个规律不能应用在罗汉神怪和娃娃身上。杨柳青年画有"行七坐五盘三半"的说法，即人体站立或行走时的高度应该是七个头部的长度，坐的时候是五个头部的长度，盘坐或蹲时是三个半头部的长度。这是成年人普遍的人体比例。再如"人各有习，习各有宜""短胳膊短腿大脑壳，小鼻子小眼没有脖""武将扬手过盔头，文官捻髯露半手，小生不做呆立像，美人摸鬓侧面瞅""先贤意思淡，美人要修长""远山要插庙塔，傍道要安旅社"等，无不生动地总结了描绘各种人物、场景的独特技法。

郑振铎《中国古代木刻画史略》总结了杨柳青木版年画的一大特点，就是大红大绿、色彩浓艳、泼辣大胆，颇有几分豪气。如《连年有余》，就是以大红大绿为主色调，配以黄、黑、粉、蓝、白等颜色，以风格活泼、画面热闹、色彩丰富的特色和年味紧密契合。但也有学者对杨柳青年画的风格持否定意见，如清末画家钱慧安认为其俗鄙恶劣，并尝试创作了"多拟典故及前人诗句，色改淡匀，高古俊逸"的画作，使杨柳青年画的风格更为多样，题材更为广泛；然而"惜今皆不存，徒见俗鄙恶劣之一派也"。事实上正是所谓的"俗鄙恶劣"一派，与天津人豪爽幽默的性格相吻合，才最能体现天津民风民俗，才最符合民间艺术雅俗共赏的基本规律。如传统的《老鼠娶亲》年画，以"老鼠娶亲"的民间传说为题材，构图夸张，笔法活泼，色彩绚丽，大俗大雅，是老天津卫家庭在春节贴的经典年画。

河北衡水武强县也以年画著称，1993年武强县被文化部命名为"中国木版年画艺术之乡"。武强年画的历史可以上溯到宋元时期，到了清朝康、雍、乾、嘉四代，社会安定，各业繁荣，为武强年画提供了良好的发展环境。在县城南关形成全国最大的年画集散地，先以天玉和、万兴恒、宁泰、泰兴四家画店为盛，后来又相继出现了祥顺、德隆、东大兴、义盛昌、新义成、吉庆斋、

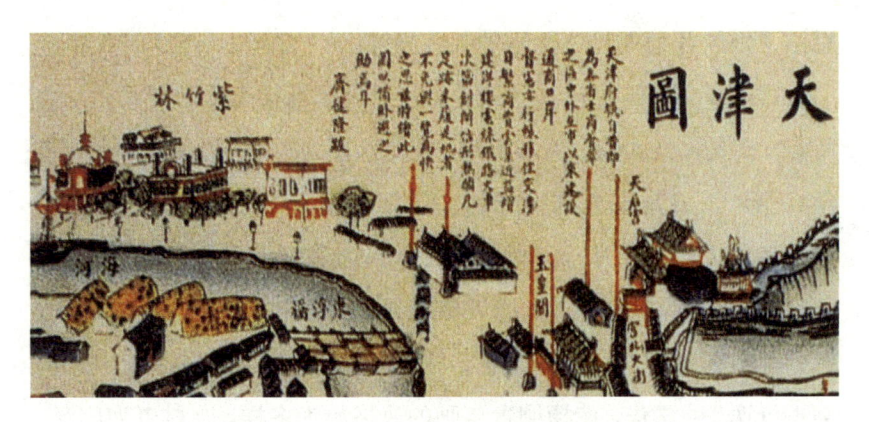

杨柳青年画——《天津图》（藏于俄罗斯地图学会）

同兴、大福兴，时称"八大家"。清朝后期，双兴顺、正兴和、乾兴、福兴德、德义祥、德祥与先前八家中的同兴、新义成被称为"新八家"。新中国成立以后，武强年画得到了空前发展，成立了武强年画社和武强年画博物馆。2006年，武强年画被列入第一批国家级非物质文化遗产名录。

武强年画取材丰富，品类繁多，山水、人物、动物、花卉、神像、戏出、节俗、农事、娱乐、历史、时事、组字画谜等，皆可入画，蔚为大观。武强年画形式多样，有门画、中堂、对联、条屏、贡笺、窗画、灶画、月光、炕围、桌围、云子、开条、斗方、灯方、扇面、枕顶、兜肚、鞋底儿、手帕、荷包、张搭、册页、西洋镜、博戏图等30余种。武强年画来自民间，形成了构图饱满、造型夸张、线条粗犷、色彩艳丽、寓意吉祥、图文并茂的艺术风格。

现在年画虽然淡出了人们的日常生活，但是它的传承人依然在不懈地努力。到杨柳青画社调研，画师们正在创作的一幅以海河沿岸的风景为题材的长卷吸引了我，画卷中既有天津传统的地标建筑，又有海河上一座座现代化的桥梁，这都体现了画师们在继承传统的同时又在锐意创新。愿作为城镇文化名片的年画能够薪火相传。

窗花：春节年红

贴窗花习俗的来源有多种说法。民间传说，远古时期有一只神鸟叫鸾鹓鸟，它保护着一方百姓，但是不知道什么原因，鸾鹓鸟离开了人间，于是各种怪兽肆虐人间。后来，天上又来了一只叫重明的神鸟，它打败了怪兽，但是怪兽不甘心失败，总是伺机兴妖作怪。百姓们就把重明的画像贴在窗户上，怪兽见到重明的画像便不敢危害人间，百姓们又过上了安定的生活。后来，逐渐演变成了现在贴窗花的习俗。

窗花是民间剪花艺术的一个重要门类。宋代经济发达，造纸业长足发展，为剪纸艺术提供了必要的物质条件。南宋周密《武林旧事·立春》记载："学士院撰进春帖子，帝后、贵妃、夫人、诸阁，各有定式，绛罗金缕，华粲可观。"文中所谓"春帖子"，亦称"春端帖子""春端帖""春帖"。周煇《清波杂志》记载："宋制，翰林书春词，以立春日剪贴于宫中门帐，谓之'春端帖子'。"《武林旧事·小经济》中也记载："班朝录、供朝报……纸画儿、扇牌儿、印色盏、剪字……"周密《志雅堂杂钞》中还有"向旧都天街，有剪诸色花样者，极精妙，随所欲而成"的记载。可见在宋代宫中、民间都有在门窗粘贴"春贴"的习俗。

明代《苏州府志》记载："嘉靖中制夹纱灯，以剡纸刻成花竹禽鸟之状，随轻浓罩色，熔蜡徐染，用轻绡夹之。映日则光明莹澈，芳菲翔舞，恍在轻烟之中，与真者莫辨。"清代《保定府志》也记载：石女，张蔡公之女也，有巧思，与人接谈，袖中细剪春花秋菊、细草垂柳，罔不入神。由上述材料可以看出，剪纸窗花在明清已达鼎盛，其造诣已炉火纯青。

窗花作为剪纸艺术在我国不同地区形成了不同的流派，大江南北风格各异。北方以河北蔚县，山西广灵，陕西旬邑，山东滨州、茌平等地为代表，南方以江苏扬州，福建漳浦，浙江浦江、缙云等地为代表。

蔚县剪纸可以上溯到明代，主要用于绣鞋花样、婚丧吉祥物和年节窗户装饰等。彼时剪纸为单色，不镂空，形象古拙；后来剪纸艺人借鉴年画和皮影的色彩，创作出彩色剪纸，形象也较为精细，但由于那时候的窗户都以绵纸糊挡，透光性较差，经过艺人们的反复实践，创造出"天皮亮"，初步解决了透光性的问题。清代咸丰年间，蔚县剪纸吸收了武强木版水印窗花技术，进一步改善了窗花的透光性。经过剪纸艺人的不断探索与实践，蔚县剪纸不断进步与完善，逐渐形成了构图饱满、造型生动、色彩绚丽、工艺奇特的艺术风格。清代光绪、宣统年间，蔚县出现了以吕、翟两家为代表的家族剪纸作坊。20世纪30年代的王老赏是河北蔚县剪纸发展史上的集大成者，也是中国染色刻纸艺术的主要创始者。在题材上，蔚县的窗花以戏曲人物为主要门类，此外还有花鸟鱼虫等。在技术层面，蔚县剪纸阴刻和阳刻并用，将花鸟鱼虫、戏曲脸谱镂刻得栩栩如生。

天津剪纸艺术形成较晚，清代光绪年间以前，尚无专门从事剪纸的人。那时，天津集市上售卖的剪纸主要来自保定的王姓和刘姓两位剪纸艺人。他们每逢庙会，都会摆摊设点，现场剪纸售卖。宣统年间，王姓艺人在天津开设了进云斋，刘姓艺人开设了义和斋。从此，天津有了专门售卖剪纸的店铺，这种技艺也逐渐为天津的艺人所掌握。天津的剪纸大致分剪、刻两种。除吊钱、窗花以外，还有肥猪拱门、宝马金驹、福寿三多、吉庆有余、四季平安等样式。天津剪纸保留了北方剪纸淳朴豪放的风格，同时借鉴了南方剪纸纤细秀丽的做工，形成了自己独特的风格。

剪纸技巧丰富。按色彩分为单色剪刻、套色剪刻、彩色剪刻；刀法又分为阴文和阳文两种，在这两种刀法的基础上，又演化出多种独特的刀法技巧。剪纸的构图不同于其他绘画，难以表现三维立体空间，于是在甘肃、青海一带出现了浮雕剪纸技法，将剪刻与纸叠工艺融为一体。

窗花构图大多对称，体现了中国人对中正平和、阴阳二元对称的审美需求。窗花的图案内容深受农耕文化的影响，取材多样，内容丰富。农业生产、民间生活、戏曲艺术、神话传说、祥瑞图案无所不包。春节期间窗花的图案以龙凤瑞兽、吉祥图案为主。吉祥图案以镂刻葫芦、蝙蝠、莲花、鱼、喜鹊、梅花、寿星、财神为主。其中葫芦、蝙蝠等往往作为边框的纹饰，"葫芦"谐音为"福禄"，"蝙蝠"谐音为"福"，主体图案有连年有余（莲花和鱼）、马上封侯（马、猴、蜜蜂）、喜鹊登梅（喜鹊和梅花）、五谷丰登等，表达了人们对生活的美好愿景。

窗花以红色为主色调，色彩艳丽。春节贴窗花，也就成为重要的年俗。忙年期间，家家户户准备美食，打扫卫生，贴吊钱、对联、福字、窗花等各种年红。老年间，没有玻璃，糊窗户多用麻纸，每年春节前都要更换，更换以后要贴上新的大红窗花，年的气息便浓郁起来；现在换作了玻璃窗，透明的玻璃、艳丽的窗花交相辉映，在冬日暖阳的照耀下，显得格外明丽。

天津杨柳青的窗花在每年的端午节、中秋节、春节更换，共换三次。端午节有鸡啄五毒、葫芦万代等；中秋节有月宫玉兔、瓜果满盘、祭拜月神等；迎春窗花包括春到人间、喜鹊登梅、鹿鹤同春、连年有余、梅兰竹菊、春燕、蝴蝶及肥猪拱门、聚宝盆等。

窗花

一般选用锡箔纸雕刻出主体图样，背衬各色彩纸，对贴于玻璃门窗，以祈招财进宝。据史料记载，清代乾隆皇帝六次坐龙船下江南，每到天津杨柳青，都要将杨柳青的剪纸（包括窗花）和年画带到江南去。因此杨柳青的窗花闻名全国。

吊钱：吊钱是钱吗

贴吊钱，是北方春节民俗。在天津，腊月十五前后，年货市场逐渐兴旺，各种窗花、吊钱、对联、节日食品、玩具应有尽有。腊月二十九是贴倒"酉"的日子，火红的吊钱映衬着阳光在风中飞舞，家家户户一片火红，衬托出一片热闹、红火、喜庆的节日气氛。天津贴吊钱不仅贴得热闹，而且贴得有讲究。

吊钱，又称"挂签""挂千""过门笺""门吊子"，是年红之一。民间传说，贴吊钱源于姜子牙封神。当年，姜子牙掌管封神。诸神都已封罢，他的原配妻子前来讨封，姜子牙念及旧日夫妻之情，就封她为穷神。但是又怕她使穷苦人家雪上加霜，就命她"见破不入"。于是，每逢春节人们为了驱逐穷神，就在自己的门窗上挂上破布条、破纸，后来破布条、破纸逐渐演变成刻有各种吉祥图案花纹和吉祥话的吊钱。

民间传说自然不足为信；关于吊钱的起源，很多学者认为源于古代立春日的幡胜。幡胜，又叫"春幡""春胜"，是立春日妇女戴在头上的装饰，是迎接春天到来挂在树上的小旗帜，是人们表达迎春喜悦心情的一种装饰。立春是古代最早形成的八个节气之一，是二十四节气之首，历来被人们所重视。《礼记·月令》记载："立春之日，天子亲帅三公、九卿、诸侯、大夫，以迎春于东郊。"

汉代更是出现了"立青幡"的习俗。《后汉书·礼仪志》记载："立春之日，夜漏未尽五刻，京师百官皆衣青衣，郡国县道官下至斗食令史皆服青帻，立青幡，施土牛、耕人于门外，以示兆民。""青幡"即春幡。

有唐一代，沿袭旧俗。立春，上自皇宫，下至民间，都要举行迎春仪式，皇帝也以春幡作为赏赐。孙思邈《千金月令》记载："唐制，立春赐三宫彩胜，各有差。"

到了宋代，文化经济进一步发展，宫中赐幡胜已成为定制，而且仪式更为隆重，臣下都得入谢赏赐，然后戴春幡胜回家。《东京梦华录》记载："春日，宰执亲王百官皆赐金银幡胜。入贺讫，戴归私第。"宋代还出现了春帖。春帖之俗由晋"贴宜春字"发展而来，初起于王公贵胄，在立春日用罗帛做底衬，上书五言或七言绝句，用金丝彩线刺绣，或用金箔剪贴，粘贴在宫中各门帐上。后来春贴之俗逐渐发展到民间，《岁时广记·撰春贴》记载宋代民间"或用古人诗，或后生拟撰，作为门帖，亦有用厌胜祷祠之言者"。

吊钱大约由春帖逐渐演变而成。唐宋时期宫中春帖为红底金字，

第三章 节日物件呈喜庆

张贴于门壁屏帐，多为罗帛制作，显得富丽堂皇；民间多用纸书写，红底黑字同样有春意盎然之感。春帖的制作，主要手法是剪裁刻镂，所谓"金薄镂春幡""裁胜刻金花"，这与现代吊钱的制作工艺大体一致。

由春帖演变为吊钱不知始于何时。《帝京岁时纪胜》中有"挂钱辉五色"的记载，这说明至晚在清代京畿地区已有了贴吊钱的习俗。"五色"为大红、粉红、黄、绿和蓝，顺序为"头红、二绿、三黄、四水（粉）、五蓝"，现在多为大红色，其他颜色少有用之。富察敦崇《燕京岁时记》中有详细的记载："挂千者，用吉祥语镌于红纸之上，长尺有咫，贴在门前，与桃符相辉映。其上有八仙人物者，乃佛前所悬也。是物民户多用之，世家大族鲜用之。其黄纸长三寸，红纸长寸余者，曰'小挂千'，乃市肆所用也。"富察敦崇所云"挂千"之"千"是"钱"的谐音，古时一贯铜钱为一千文，因此"挂千"即"挂钱"。贴"挂千""挂钱"表现的是人们对于新年的美好期盼。有民谣说："过门笺，落门笺，落到地上都是钱。"因此"过门笺"挂在门上就是"挂千""挂钱""吊钱"。亦有曰"掉钱"者，取天上掉钱的美好寓意。

吊钱一般长26—30厘米，宽20—25厘米。由膛子（中心花纹）、边框（上、左、右）和穗子（俗称"牙子"）三部分组成。膛子多为"福""禄""寿""喜""财""竹报平安""阖家欢乐""五

吊钱

谷丰登""天官赐福"等吉祥文字，配有青松、白鹤、红梅、喜鹊、蝙蝠等吉祥图案，边框大多镂刻连线、鱼鳞、方胜、回纹等图案花纹作为装饰。

  吊钱一般贴于门楣之上，大门一般贴 3—5 张，房门相对较窄，一般贴 3 张。天津贴吊钱的习俗与其他地区不同，一般于腊月二十九日与福字、对联、窗花一起张贴，谓之"贴倒'酉'"。门楣、窗户、老年间的粮囤等凡可贴处均贴吊钱，红红火火，微风过处，一片片红色摇曳，年味十足。大多数地区，揭吊钱一般在正月十六，据说如不摘下，瞌睡虫就会伴着不走，使这家人经常打瞌睡，影响生产。而天津则不同，揭吊钱在正月二十五填仓之时，揭下的吊钱要包裹着老钱压在粮囤之下；随着城市化的发展，现代家庭没有粮囤，则一般压在储存粮食的箱柜的底层。无论是压在粮囤下面，还是压在粮柜的下面，都是取"压钱"的口彩，预示着一年的五谷丰登，日子兴旺。压在粮囤或粮柜下面的吊钱又如何处理？一般是到来年的正月二十五填仓，把去年的旧吊钱扔掉换成刚刚揭下来的新吊钱；也有另一种说法，就是在端午清理卫生的时候把压在下面的吊钱扔掉。

春联：您的春联贴对了吗

春联是对联的一种，属于节庆联。关于它的起源，主要有两种说法。其一是"桃符说"，唐白居易《六帖》曰："正月一日，造桃符著户，谓之仙木，百鬼所畏。"《燕京时岁记》曰："春联者，即桃符也。"其二是"春贴说"，古时立春日在门上贴"宜春"二字，后渐渐发展为春联。在很多史料中，都把后蜀皇帝孟昶的"新年纳余庆，嘉节号长春"作为春联鼻祖，但有一副春联打破了孟昶的纪录，这副春联是这样写的："三阳始布，四序初开。"它出自莫高窟藏经洞出土的敦煌遗书，较孟昶的题联早了240余年。

北京，六朝古都，首善之区，文风极胜。进入腊月以后，在街市的年货摊上就开始出售春联。《燕京岁时记》中记载："自入腊以后，即有文人墨客，在市肆檐下，书写春联，以图润笔。祭灶之后，则渐次粘挂，千门万户，焕然一新。或用朱笺，或用红纸，惟内廷及宗室王公等例用白纸，缘以红边蓝边，非宗室者不得擅用。"

天津有俗谚曰"腊月十五上全街"，意思就是腊月十五以后年货市场逐渐兴旺。老年间，天津最大的年货市场是在天后宫附近的宫南宫北大街。腊月十五以后，宫南宫北年货琳琅满目，人头攒动，一派兴旺景象。其中最火爆的一个地方就是写春联的摊位。书写者多为文人寒士，每逢腊月，这些人借街市两旁店铺门前一块宝地支摊书写春联，谓之"书春"。有《书春》诗一首云："教书先生腊月时，书春报贴日临池。要知借纸原虚话，只为些须润笔资。"旧时文人寒士尤其是私塾先生收入微薄，往往借书春赚些银钱贴补家用，所写的无非是"门心""框对""斗方""福字"等，边写边卖，往往招来行人止步围观，其中难免有通文墨之人评点墨宝优劣以及联语的意趣。天津人除了贴春联之外，还喜欢贴春条。春条分为一句4字或4句16字两种。一句4字的往往是"金

春联

玉满堂""日进斗金""抬头见喜""阖家欢乐"等吉祥话，4句16字的如"宜入新年，福在眼前，阖家欢乐，人口平安"等。

春联是一种雅俗共赏的艺术形式，周汝昌先生曾说："春联是举世罕有伦比的最伟大、最瑰奇的艺术活动。"最晚至五代十国时期，已有张贴春联的记录。明太祖朱元璋在南京建都后，曾下旨：公卿士庶之家，须写春联一副，以缀新年。由此，春联这种节俗文化得到了进一步的发展。

春联是最具中国特色的艺术形式，它的产生有着悠久的历史渊源。中国人讲究对称美，而从整体上看，对联上下联字数相同，结构一致，就构成了外在形式上的对称美；从内部结构及意蕴上看，对联上下联词性相对、词义相关，也构成了内在形式与内容上的对称美。从汉语音韵的角度看，汉语声调的平仄，直接影响了诗词与对联的语言形式，构成了抑扬顿挫的音韵美。从汉字的构型特点看，它为对联书写的美观提供了条件，只有这样的文字，才可以产生对联这种艺术形式。汉字方方正正的形体特点，在书写中各自占有相等的空间位置。它具有可读性，又具可视性。其方块构形，既有美学的原则，又包含着力学的要求。无论是横写与竖排，汉字都能显得疏密有致，整齐美观。唯有汉字才能保证对联书写的美感。

春联的内容随着时代的发展而不断创新，每逢新春佳节，大街小巷的春联令人大饱眼福。既有传统的"向阳门第春常在,积善之家庆有余""一夜连双岁,五更分二年";也有反映时代特征的新春联,比如"一年好景随春到,四化宏图与日新""齐奔小康千秋来,共走富贵万里程";更多的是反映人们千百年来共同的美好愿景,比如"喜居宝地千年旺,福照家门万事兴""一年四季行好运,八方财宝进家门"。

  春联的内容有雅俗之分。雅的有"玉兔归时深慕人间春色美,金龙起处喜看华夏蓝图新""桃红柳绿,燕舞莺歌,爆竹烟花迎盛世;海晏河清,年丰人寿,凯歌曼舞庆新春""鸡豚之畜,毋失其时,可以致富矣,梅吐蕊,柳抽芽,老少边穷春正好;梨橘之苗,广栽其圃,安得愁穷哉,地生金,人益寿,东西南北景常新";俗的有"一帆风顺年年好,万事如意步步高""事事如意大吉祥,家家顺心永安康"。春联虽有雅俗之分,并无高下之别,萝卜白菜各有所爱,表达的都是人们对幸福生活的美好期盼、欢度佳节的喜悦心情。

  春联不仅要写好,还要贴对。春联根据张贴的位置主要分为"门心""框对"两类。贴于门板上端中心部位的叫"门心",贴于门框的叫"框对"。现在家庭张贴的以"框对"居多,但是,由于不了解上下联的位置,或不会区分上下联,贴错上下联的情况时有发生。中国人以右为上,古代书籍排版也是右起竖排。按照这个传统，上联应该贴在面对着门的右手一侧，但是这样张贴的对联的横批必须是从右向左书写的，只有这样贴，对联的上下联和横批才一气贯通。按照现在由左向右的书写习惯，传统贴上下联位置显然不合适；而应由横批方向决定上下联位置：右起书写，上联在右；左起书写，上联在左。

贴春联还有禁忌。中国人讲究孝道，按照古代的礼法，如果有父母尊长之丧，要守孝三年，其间不能贴红纸书写的春联，应该用白、绿、黄三色纸。第一年用白纸，第二年绿纸，第三年黄纸，第四年服丧期满才恢复用红纸，故白绿黄三色的对联俗称"孝联""孝春联"或"丁忧联"。当然也可以干脆不贴，以示对长辈的哀思之情。随着时代的发展，传统的礼法也有所改变，大多数地区已把守孝三年改为一年，有老人去世的家庭，在这一年的春节一般是不贴春联的。这一习俗在京津冀地区至今保留。

对联，是我国特有的艺术形式，春联更是为大家喜闻乐见。春节期间，贴上一副意境悠远、寓意吉祥、格律工稳、书法优美的春联，不仅可以增添节日的喜庆气氛，还能彰显主人的文化品位。

"福"字：贴"福"字有讲究

每到春节，火红的福字贴在家家户户的大门、厅堂、橱柜、水缸等一切可贴的地方，装点着春节喜庆的气氛。贴"福"字的习俗在《梦粱录》中就有记载："士庶家不论大小，俱洒扫门闾，去尘秽，净庭户，换门神，挂钟馗，钉桃符，贴春牌，祭祀祖宗。"这里的"贴春牌"就是贴"福"字，这大概是关于贴"福"字较早的文字记载。关于贴"福"字的习俗和贴吊钱、窗花等一样源自古代立春日的幡胜，兹不赘述。

贴"福"字代表的是人们祈求幸福美满的愿望。有人说"福"就是"一口田，衣禄全"，意思就是有吃有穿就是福。这是对"福"字的一种文化的解读。

在甲骨文中，"福"左上角是"礻"，代表祭祀；右上角是甲骨文的"又"字，代表巫师祭祀时手持祭品的动作；中间是"酉"，代表酒坛；最下面是托举"酒"的两只手；从字形分析来看，其本义是用美酒祭神，神灵赐福、保佑。《说文解字》解释曰："福，祐也。"在本义的基础上，逐渐衍生出与"祸"相对的"幸福、福分"之义。什么是"幸福"？古代典籍中也有各种解读，《尚书·洪范》说："一曰寿，二曰富，三曰康宁，四曰攸好德，五曰考终命。"《韩非子·解老》说："全寿富贵之谓福。"上述这些解释是对"福"的内涵的解读；而《荀子·天论》中的"顺其类者谓之福"，则是对致福方式的解释，那就是顺应天地自然的规律，获得安康。

说到"福"字，不得不提到清代康熙皇帝。康熙帝酷爱书法，他为祖母孝庄皇太后御笔题写的"福"字被称为"天下第一福"，至今保留在恭王府秘云洞内。相传孝庄皇太后寿诞前夕，忽得重病，御医束手无策。康熙帝于是斋戒沐浴书写"福"字为祖母祈福。孝庄得到这个"福"字，居然病愈，于是民间盛传此"福"为"天赐洪福"。这个"福"字有什么奇特之处呢？原来康熙皇帝在书写这个"福"字的时候，巧妙利用汉字的形体特点暗含了"多子、多才（财）、多田、多寿、多福"之意。从字形中我们不难看出"多

天下第一福

第三章 节日物件呈喜庆

子、多才（财）、多田、多福"之意，那"多寿"又从何而来呢？一般书写"福"字以丰腴饱满为宜，而康熙皇帝的"福"字，则比较瘦长，"瘦"的谐音为"寿"，这就是多寿。

春节贴"福"字是南北各地之通俗。民间贴"倒福"，一种说法是来源于明朝马皇后。朱元璋攻打南京时，准备城陷以后屠城，但又不想伤害城里帮助自己的人，于是就让暗探通知那些人家在门上贴"福"字以作标志。马皇后得知以后，为了避免朱元璋滥杀，就让全城百姓家家户户贴上"福"字，但有一户人家因为不识字，把"福"字贴倒了。朱元璋第二天发现家家贴着"福"字，本就怒不可遏，而且竟然还有人把"福"贴倒了，更是怒火中烧，就要把那家人处斩。马皇后见大事不好，急中生智说："陛下，人家是故意把'福'贴倒了的。您今天驾到，不正是他们的福'到了'吗？"朱元璋无奈只好作罢，从此民间开始贴"倒福"。还有一种说法，是来自清末恭王府。一年除夕，恭王府管家安排仆人贴"福"字，有一个仆人目不识丁，把"福"字贴倒了，恭亲王看到以后大怒，要处罚管家和那个仆人，孰料管家能言善辩，说："奴才常听人说，恭亲王寿高福大，如今大福真的到（倒）了，此乃喜庆之兆。"恭亲王听后转怒为喜，赏赐了管家和那个仆人。恭王府如此贴"福"字，自然人人效仿，贴"倒福"的习俗从此流传。

春节贴"倒福"，其实和贴"连年有余""五福捧寿""马上封侯"

"福"字

等年画，除夕吃素饺子（取"素素净净"之意），打碎东西要说"岁岁（碎碎）平安"一样，都是利用汉语谐音的修辞讨一个好口彩，表达了人们对幸福吉祥的渴望。但是，有一点要特别注意，那就是贴"倒福"也是有讲究的。

首先，正门是不能贴"倒福"的，除非是想转背运的人家。正门是一个家庭的门面，是比较庄重的地方，是不宜贴"倒福"的。

其次，垃圾桶、水缸、米缸等需要倾倒的器具上，应该贴"倒福"。这些器具里的东西是需要倒出来的，为了避免把"福"倒掉，人们巧妙地通过谐音，用"福倒（到）"来抵消"福去"。

再次，房间内器具上面的小"福"字，是可以倒着贴的。因为在自家的房间里，无论"福"字倒正，都被关在自家屋内，是跑不出去的；而且民间还有"小福不'倒'（到），大福不来"的说法。

第三章 节日物件呈喜庆

贴"福"字是我国传统文化中的重要节俗,是千百年来沿袭下来的文化传统。贴"倒福"更是先民对汉语谐音修辞的巧妙运用,代表人们对美好生活的向往和追求。

门神：远古的保安

春节贴门神是春节习俗之一。有一首忙年歌唱道："小孩小孩你别馋，过了腊八就是年。腊八粥，吃几天，沥沥拉拉二十三。腊月二十三，打发老爷（灶王爷）上了天；腊月二十四，扫灶爷（扫房子）；腊月二十五，炸豆腐；腊月二十六，割下肉；腊月二十七，擦锡器；腊月二十八，沤邋遢；腊月二十九，去打酒；三十日，门神对联一起贴。"

老年间，京津地区的门神画上画的是秦琼和尉迟恭，而在河北的大部分地区则是三国名将马超和马岱。贴门神的习俗又是如何形成的？为什么各地的门神人物不同？贴门神有哪些讲究？

有人把春节贴门神等同于古代的"五祀"，这是不准确的。"五祀"的具体内容有不同的说法，有"禘、郊、宗、祖、报"之说，也有人认为是祭祀五行之神，还有人认为是祭祀住宅内的五种神。《礼记·月令》："（孟冬之月）天子乃祈来年于天宗，大割祠于公社及门闾，腊先祖五祀。"郑玄注："五祀，门、户、中溜、灶、行也。"

第三章 节日物件呈喜庆

汉代王充《论衡·祭意》中说:"五祀报门、户、井、灶、室中溜之功。"古人认为,凡与日常生活有关的事物皆有神灵主宰,就应祭祀。门主出入,在住宅中占重要地位。所以把"门"视为五祀之首。《礼记·祭法》记载:"王为群姓立七祀,诸侯为国立五祀,大夫立三祀,适士立二祀,皆有门。"可见自先秦以来,上自天子,下至庶人,皆崇拜门神,并祭祀之。这与后来的春节贴门神虽有某种关联,但不是一个概念。"五祀"的主要功能是通过祭祀,来表达人类对神灵的敬畏,并祈求神灵降福;而春节贴门神是以驱鬼为主,并无祭祀之礼。《燕京岁时记》说:"门神皆甲胄执戈,悬弧佩剑,或谓为神荼、郁垒,或谓为秦琼、敬德,其实皆非也。但谓之门神可矣。夫门为五祀之首,并非邪神,都人神之而不祀之,失其旨矣。"

春节贴门神的习俗千古如斯,但是门神的主角却在不断地变换。神荼和郁垒大概是第一代门神了。在《山海经》《风俗通义》《重修纬书集成》《三教源流搜神大全》等典籍中都有记载。《山海经》中记载,东海的度朔山上住着各种鬼怪,这些鬼怪夜间四处游荡,鸡鸣时都要回到度朔山。山上还住着兄弟二人,一名神荼,一名郁垒,二人负责监察鬼怪的行为。如果发现有恶鬼夜间作恶,就用绳索捆绑送去喂虎。恶鬼皆畏惧这兄弟二人,后来人们就在自家门上用桃木刻画兄弟二人的画像以驱避恶鬼,每年除夕时更换。

晋代葛洪《枕中书》中还将郁垒列入道教神谱，称为东方鬼帝之一。南朝梁宗懔《荆楚岁时记》说："岁旦，绘二神贴户左右，左神荼，右郁垒，俗谓之门神。"李家瑞《北平风俗类征·岁时》也记载元旦（正月初一）贵戚家悬神荼、郁垒，民间插芝梗、柏叶于户。

在神荼、郁垒之后又有不同版本的门神出现。最为人们所熟悉的大概是武将类的门神，中心人物是秦琼和尉迟恭。将秦琼、尉迟恭二人"转型"为门神源于《隋唐演义》和《西游记》两部小说。《隋唐演义》记载，唐太宗李世民在多年征战和帝位争夺中杀人无数，夜间常做噩梦，于是让元帅秦琼与大将军尉迟恭二人每夜守卫于宫门。后来太宗念秦琼、尉迟恭二将日夜辛劳，便让宫中画匠绘制二将之戎装像，此后邪祟全消。《西游记》里面也有相关的描述："头戴金盔光烁烁，身披铠甲龙鳞，护心宝镜幌祥云，狮蛮收紧扣，绣带彩霞新。这一个凤眼朝天星斗怕，那一个环睛映电月光浮。他本是英雄豪杰旧勋臣，只落得千年称户尉，万古作门神。"除了秦琼和尉迟恭之外，武门神还有赵云、马超、马岱、薛仁贵等。

门神不仅有武将，还有文官。主要是那些疾恶如仇、执法严明、一身正气的清官、忠臣。如魏徵、包拯、海瑞、文天祥等。有些地方将魏徵与尉迟恭作为一对文武门神。

道教门神，主要是钟馗、和合二仙等。《燕京岁时记》称："每

第三章 节日物件呈喜庆

门神

至端阳,市肆间用尺幅黄纸盖以朱印,或绘天师钟馗之像,或绘五毒符咒之形,悬而售之。都人士争相购买,粘之中门以避祟恶。"元代名臣耶律楚材诗云:"凌晨随分备樽罍,辟疫屠苏饮一杯。迂叟不令书郁垒,痴儿刚要画钟馗。"此外,还有祈福类的门神,如福、禄、寿三星,赐福天官,招财童子等,而这些神仙也属于道教系列。

门神也是描写春节的诗词中的常见意象,用以表现春节热烈、喜庆的氛围。其中最为大家耳熟能详的就是王安石《元日》:"爆竹声中一岁除,春风送暖入屠苏。千门万户曈曈日,总把新桃换旧符。"放鞭炮、饮屠苏、贴春联,洋溢着春节的喜悦,充满了对未来的期盼。此外,宋代陆游《岁首书事》中说:"东风入律寒犹剧，多稼占祥雪欲成。郁垒自书夸腕力，屠苏不至叹人情。呼卢院落哗新岁，卖困儿童起五更。白发满头能且健，剩随邻曲乐升平。"姜夔《鹧鸪天·柏绿椒红事事新》写道："柏绿椒红事事新，隔篱灯影贺年人。三茅钟动西窗晓，诗鬓无端又一春。慵对客，缓开门，梅花闲伴老来身。娇儿学作人间字，郁垒神荼写未真。"明代董纪诗中写道："灶巷扫除循祀典，州司奔走送门神。"沈周有一首诗名字就叫《送门神》："抱关憔悴两疲兵，众欲麾之我漫亶。简尔功名惟故纸，傍谁门户有长情。戟悲雨迹销残画，鍪赖虫丝恋绝缨。莫向新郎诉恩怨，明年今夜自分明。"

贴门神是春节习俗中的重要内容，因此万不可马虎大意而贴错，民俗中有反贴门神诸事不顺的说法。门扇左侧的叫"门丞"，右边的叫"户尉"，现在的门神大多画的是秦叔宝和尉迟恭，俗称"白脸儿""黑脸儿"，左边"门丞"贴"白脸儿"，右边"户尉"贴"黑脸儿"。简而言之，门神要成对出现，画像要脸对脸，不要背对背。此外，传统民居建筑，一般有大门、二门、房门之别。贴门神画的规矩是，大门贴武门神，如秦琼、尉迟恭、关羽、赵云等，犹如门卫护家，以驱邪避魅。二门贴文门神，如招财进宝、天官赐福、状元及第等。房门贴麒麟送子、古装美人、和合二仙等，寄托平安、幸福、祥和的愿景。

门神，作为司门守卫之神，其职责是驱邪祟、卫家宅、保平安、助功利、降吉祥。随着时代的发展，人们贴门神的心理期盼也在不断地变化。无论是神荼、郁垒，还是魏徵、包拯，或者是秦琼、尉迟恭，抑或是赐福天官、招财童子等作为门神，都表达了人们在新春之际驱邪避秽的愿望以及对除恶扬善、保家卫国的英雄人物的敬仰。

神像：渐行渐远的神祃

侯宝林、郭全宝相声《买佛龛》中有一个段子：

侯："年轻人说话没规矩，这是佛龛，能说买吗？这得说请。"
郭："啊。"
侯："噢，大娘，我不懂，您多少钱请的？""咳，就……这么个玩意儿，八毛！"

这个相声段子讲的是过去民间供奉神像的事情。京津地区把神像称为"神 mǎr"，其中的"mǎr"写法不一，有的写作"马儿"，也有的写作"码儿"，还有的写作"祃儿"。"马儿"和"码儿"均与神仙祭祀无关；"祃"是古代行军在军队驻扎的地方举行的祭礼，与神像的关联度最高，我认为写作"祃儿"更为合理。

家庭供奉神像，是老年间的普遍现象。祭祀祖先、神灵是中国

第三章 节日物件呈喜庆

人的传统,甚至被认为是头等大事,《左传·成公十三年》中说:"国之大事,在祀与戎。"

《论语·八佾》曰:"祭神如神在。"为了"神在"的真实性,祭祀的时候就需要有祭祀对象的塑像或画像。民间家庭祭祀神灵囿于居住条件,以画像为适宜,这就催生了一种传统的民间产业,刻版印刷神像,于是神像的刻画成为年画的一个重要门类。四大木版年画之一的杨柳青年画就是由刻画门神、灶王开始逐渐发展起来的。在杨柳青年画的发展过程中,匠人们总结出了各种画诀,并由王树村集结为《中国民间画诀》,该书中有"道释神仙"一章。在这一章中,王树村从"神佛各式""武扮架赞""诸神威仪""神佛总目""各佛执物""壁画名数""壁画全式"等方面总结了神像的分类、法器、仪容等内容;还在"绘画总诀"一章中总结了画神像的秘诀,如"佛容要秀丽,神像须伟壮""富道释,穷判官,辉煌耀眼是神仙"。

中国的神仙体系分为上古神话、佛教、道教、民间信俗四类,这反映了中国人的泛神论思想。在中国人的心目中,神仙各司其职。不同的心理诉求,需要向不同的神仙祈祷,于是需要供奉的神像就五花八门,其中以供奉门神、灶王和财神最为普遍。关于门神,兹不赘述,这一节主要介绍灶王和财神。

灶王,亦称"灶君""灶神""灶王爷"等,是玉皇大帝派驻在各家的保护神和监督神,在民间被当作一家之主,掌握着一家吉凶祸福。灶王的来历,一种说法是上古帝王死而为神,所谓:"黄帝作灶,死为灶神。"又说:"炎帝作火,死而为灶。"东汉许慎《五经异义》曰:"祝融为灶,姓苏名吉利。妇姓王,名抟颊。"另外一种说法也是流传较广,就是人死而为灶神。明代嘉靖年间张宪等编撰的《张氏统宗世谱》记载,轩辕黄帝第三妃彤鱼氏之子名挥,因发明弓矢而被赐姓为张,他的十一世孙张单,发明了"灶",张单就成了至今人们供奉的"灶君公"。关于张单,民间还有个传说,张单外出经商发了财,移情于妓女海棠,于是休了贤惠的原配夫人丁香,丁香无奈改嫁。海棠好吃懒做,不善持家,后来又失火烧光了家产,丢下张单改嫁了。张单只好流浪讨饭。腊月廿三,他讨饭到了丁香家,被认出后羞愧难当,一头钻进灶门里憋死了。因为他是玉皇大帝的本家,所以玉皇大帝封他为灶王。灶王神像有单独刻画灶王爷的,也有刻画灶王爷夫妇的,无论哪一种,灶王都是一个美男子的形象。

京津冀地区腊月二十三(南方腊月二十四),又称"小年儿",是春节前一个重要的时间节点,这一天要祭祀灶王。相传到了小年儿灶王要上天把这一家人的功过是非向玉皇大帝汇报,民间为了灶王在汇报时多说好话,少说甚至不说坏话,就在这一天祭祀灶王,为灶王送行去"上天言好事",谓之"辞灶"。北京俗曲《门神灶》中说:"年年有个家家忙,二十三日祭灶王。当中摆上二桌供,两边配上两碟糖,黑豆干草一碗水,炉内焚上一股香。当家的过来忙祝贺,祝赞那灶王老爷降吉祥。"

北方祭祀灶王的主要祭品是糖瓜儿。糖瓜儿又称"关东糖",用麦芽糖制作,状如南瓜。之所以要以糖瓜儿为祭品,就是期盼灶王吃了一家人供奉的糖瓜儿,在向玉皇大帝汇报一家人的善恶时,嘴上像抹了蜜糖一样,只言"好事",然后"回宫降吉祥"。祭灶所用除糖瓜儿以外,还有很多,马三立的相声说有:"千张纸,元宝,蜡一份儿,一张烧挂,半斤南糖,一斤关东糖,五个糖瓜儿,十个糖饼儿,一捧炒豆,一个酸面儿火烧,外加一把草料。"灶王不仅要送,还有迎接,迎灶神有除夕、正月初一和初四之说。家家户户把请来的灶王神像恭恭敬敬地供奉在自己的灶间。

祭祀灶王还有很多讲究,其中之一就是"女不祭灶"。原因有多种说法,一种是,女人日常在厨房忙碌,难免出现一些错误,为避免灶王向玉皇大帝汇报,女人就不参与祭灶了。另一种说法是,祭灶是一个家庭的大事,古代妇女地位低下,如此重大的祭祀,妇女是没有权利参与的。宋代范成大作《祭灶词》诗说:"男儿酌献女儿避,酹酒烧钱灶君喜。"清代顾禄《青嘉录》中引用蔡云《吴歈》诗曰:"媚灶家家治酒筵,妇司祭厕莫教前。"这两句诗都是"女不祭灶"的佐证。

财神　　　　　　　五路财神

除了灶王以外，人们普遍供奉的还有财神。财神在中国道教中是主管世间财源的神。财神分文财神和武财神。文财神为比干、范蠡等，脸色白净，倜傥文静，长须美髯，左手执如意，右手捧宝盆，寓意年年如意，招财进宝。武财神有赵公明、关羽等。赵公明头戴铁冠，乌面浓须，怒目圆睁，一手执钢鞭，一手捧元宝，身下跨骑黑虎，除招财进宝之外，还肩负镇妖辟邪功能。关羽面如重枣，五绺美髯，手持青龙偃月刀。除此以外，人们信仰的财神还有五圣、柴荣、财公财母、和合二仙、利市仙官、文昌帝君、活财神沈万三等。其中供奉文武财神和五圣财神神像的最具广泛性。

具有普遍性的迎接祭祀财神的时间是除夕和正月初五。尤以初

第三章 节日物件呈喜庆

五迎财神更为隆重。正月初四子夜,商人富户备好祭牲、糕果、香烛。祭牲主要是羊头与鲤鱼,谐音开头吉祥和里外有余,向财神像顶礼膜拜。为争利市,表示心诚,故提前一天迎接,名曰"抢路头"。正月初五凌晨,各家商店开市,敞开大门,打开窗户,金锣奏响,爆竹齐鸣,牲醴毕陈,以迎财神。民谣云:"天门开,地门开,五方财神进门来;一赐福,二赐财,赐来金银抱满怀;三赐吉,四赐祥,赐来如意放身旁;善门开,孝门开,善因孝果财自来。恭迎五路财神进我家门来。"京津地区还有两个较为独特的祭祀财神的时间节点。一个节点是大年初二。《燕京岁时记》记载:"初二日,致祭财神,鞭炮甚夥,昼夜不休。"商户店铺门口还会有乞丐上门念《喜歌》,讨红包。《喜歌》是太平歌词的一个曲目,属于"什不闲"调子,全都是祝愿人吉祥的歌词。著名相声表演艺术家马三立在他的段子中曾唱过《喜歌》,歌词如下:"新年新月度新春,花红对子贴满门,天上财神来进宝,我把元宝抬进门,一送金,二送银,三送摇钱树,四送聚宝盆,聚宝盆内插金花,富贵荣华头一家!"乞丐们唱完以后,还要说"发财啊掌柜的",直到拿到红包为止。另一个节点是农历九月十七。天津还有"九月十七小除夕"的说法。民间传说这一天是财神的生日,所有人都要为财神庆生,商号及商人家庭为财神庆生的仪式尤为隆重。在这一天以香烛、供品致敬,并且张灯结彩,鞭炮齐鸣,俨然如大年除夕。东家、掌柜的和店员们共同好吃好喝欢庆一天。掌柜的还要率领店员人手一把算盘，站在柜台前，频频晃动手里算盘，哗哗作响，象征着生意红火、财源广进。

鞭炮：春节的象征

清代谢文翘诗曰："通宵爆竹一声声，烟火由来盛帝京。宝炬银花喧夜半，六街歌管乐升平。"鞭炮是春节期间家家户户必备的年货，每家都要买很多挂鞭炮，五百响的、一千响的、三千响的不等，此外家长还会买一些一百响的，留给孩子拆散燃放。一挂一百响的小鞭炮一个个拆散放在口袋里，一个个燃放。那是儿童们的一种乐趣。偶尔有一个哑炮，也不舍得丢弃，而是把它从中间掰开，但不能掰断，再拿一个鞭炮架在掰开处，点燃引信，谓之"呲花架炮"。自北京及天津中心城区禁止燃放烟花爆竹之后，京津两地的年味似乎淡了许多，但京津两地的人们仍怀念春节的鞭炮声。

相传，上古时期每逢除夕，人们用火烧竹子，使之爆裂发声，以驱逐一种叫作山臊的怪兽。《国语·鲁语下》曰："夔一足，越人谓之山臊。"1933年1月17日，上海作家郑逸梅主编小报《金刚钻》中收录了一篇由孙玉声撰写的《沪壖话旧录·岁时风俗之回忆》，其中说："其有悬紫微星画轴者，画家每绘一石柱，柱上锁一似狗非狗之兽，或云是兽即天狗星，或云是兽名年，常欲食人，紫微星故锁系之，不令至下界肆恶，而使人不逢年患，故过年时悬此最宜。然腹俭如余，殊不知此典出处，且愧无从考证也。"

无论是山臊还是年兽，都是人类避之不及的野兽，人类以烧竹子的方式驱赶，只能说是爆竹的功效，而非爆竹之起源。从逻辑推理的角度看，过年期间，天寒地冻，人类为了取暖围火而居，燃烧的木柴、竹子发出毕毕剥剥的声响，为过年增添了喜庆的氛围，客观上也起到了驱赶猛兽的作用。这种方式延续下来，逐渐成为一种自觉的习俗，以燃烧竹子来庆祝过年，人们称之为"爆竹"或"爆竿"。《通俗编·俳优》记载："古皆以真竹着火爆之，故唐人诗亦称'爆竿'。后人卷纸为之，称曰'爆竹'。"唐代人们仍将鞭炮称为"爆竿"。唐朝诗人来鹄的《早春》诗中写道："新历才将半纸开，小亭犹聚爆竿灰。"后来，炼丹家在不断的炼丹试验中发明了火药，于是有人将火药装在竹筒里燃放，声音更大，从而代替了用火烧竹子的古老习俗。北宋时，民间已经出现了用卷纸裹着火药的燃放物，并有单响和双响之别，因此"爆竹"改名为"炮仗"，后又改为"鞭炮"。

春节放鞭炮历史悠久。《荆楚岁时记》中记载，正月初一，鸡叫头一遍时，大家就纷纷起床，在自家院子里放爆竹，来逐退

第三章 节日物件呈喜庆

鞭炮

瘟神恶鬼。最晚到了宋代,出现了烟花。《武林旧事·元夕》中记载:"宫漏既深,始宣放烟火百余架,于是乐声四起,烛影纵横,而驾始还矣。"明清时期,京都及京畿地区,春节燃放爆竹、烟花的景象更为壮观。《帝京岁时纪胜》中记载:"除夕之次,夜子初交,门外宝炬争辉,玉珂竞响。肩舆簇簇,车马辚辚。百官趋朝,贺元旦(春节)也。闻爆竹声如激浪轰雷,遍乎朝野,彻夜无停。"每届初一,于子初后焚香接神,燃爆竹以致敬,连霄达巷,络绎不休。这就是清代北京地区春节期间燃放烟花爆竹的盛况。

人们希望通过过年的欢庆活动,不仅要得到美味佳肴的味觉享受,还要通过视觉、嗅觉的快感,领略无拘无束和感情发泄的自由,从而在心理上和生理上获得平时所得不到的官能感受。春节的美食可以满足人们味蕾的享受,年红可以带给人们视觉的快感,而烟花爆竹既能在听觉上给人带来刺激性快感，而且在嗅觉上感受浓浓的硫黄燃烧以后的余香。于是春节期间燃放烟花爆竹，就是人们最好的狂欢的方式。鲁迅在《祝福》中写道："灰白色的沉重的晚云中间时时发出闪光，接着一声钝响，是送灶的爆竹；近处燃放的可就更强烈了，震耳的大音还没有息，空气里已经散满了幽微的火药香。"

  人们对于春节给予了极大的热情，而天津人性格豪爽，喜欢繁华热闹，他们对于春节的烟花爆竹倾注了更大的热情与兴趣。从腊月二十三祭灶便拉开了烟花爆竹的序幕。在天津春节期间，放鞭炮有几个重要的时间节点：第一个就是除夕子时。老年间，除夕晚上，家长带领家人祭拜神佛和祖先，阖家彻夜不眠谓之"守岁"，这一夜灯火辉煌，鞭炮齐鸣，烟雾氤氲，欢声不断。第二个节点就是初一早晨。人们在接连不断的鞭炮声中，开始了大年第一天的欢愉。大人们忙着挨家挨户拜年，招待拜年的亲友，而孩子们则唱儿歌、放鞭炮，处处是新春的问候和鞭炮的炸裂声，大街小巷弥漫着火药的香气。第三个节点就是正月初五，正月初五谓之"破五"，表示春节期间的一切禁忌到了这一天都可以解除。天津人还把"破五"称为"破五穷"，所谓"五穷"指的是"智穷、学穷、文穷、命穷、交穷"。"五穷"不破，则会一年甚至一生穷困。据说选在初五这一天"送穷土"的原因，是"破五"的谐音为"泼污",就是要泼除所有的污浊、晦气、霉运,以祈求一年的顺利、富贵、吉祥。第四个节点就是元宵节。《津门杂记》中记载:"上元日曰灯节,通衢张灯结彩,燃放花炬,遍地歌舞。"燃放鞭炮的最后一个高潮是正月二十五的填仓节。填仓是春节最后一个时间节点,天津旧俗要打囤喝鱼汤,当然也少不了放鞭炮。

在民间,不仅春节要燃放爆竹,婚丧嫁娶、店铺开张、新屋上梁也要放鞭炮。或为了驱除邪祟,保佑逝者早登仙界;或为了增添喜庆的气氛,祝愿新人生活红红火火,都表达了人们的美好期盼。

春节的鞭炮是人们对美好生活的期盼,是千百年民俗的传承。随着环保禁放鞭炮,昔日春节的热闹已成为人们的记忆,然而值得思考的是,对于春节的鞭炮只有"禁"或"放"两种途径吗?"限"是不是介于两者之间的一种更好的选择呢?

花灯：今夕复何夕，共此灯烛光

1968年在河北满城汉墓的发掘中出土了西汉青铜长信宫灯。这盏宫灯通体鎏金，通高48厘米，重15.85千克。整体造型为双手执灯跽坐的宫女，神态恬静优雅。灯体设计十分巧妙，宫女一手执灯，另一手做以衣袖挡风状，实为虹管，用以吸收油烟，既有防止空气污染的实用价值，又增强了器物整体的审美价值。这盏宫灯有九处铭文，计65字，其中有"长信"字样，据此可知此灯为窦太后居所长信宫中使用。其设计理念融实用、美观、环保为一体，集中体现了古人天人合一的宇宙观，是中国工艺美术品中的巅峰之作，被誉为"中华第一灯"。现藏于河北博物院。

在我国，灯不仅是照明设备，还是一种包含多种技法、工艺的综合艺术品。灯，大致可分为以照明为主要功能的宫灯和供玩赏的彩灯两种。宫灯造型有四方、六角、方胜、双鱼、球形、葫芦形、花瓣形等，根据用途分为室内用的桌灯、戳灯（类似现在的落地灯）等，室外用的风灯、挂灯及便于提拿的把灯、提灯等。彩灯大都用木竹或铅丝扎制骨架，外面糊上绵纸、玻璃纸或纱绢，上绘各种彩绘图案，题材大都是人民喜闻乐见的，如话本小说、神话传说等。京剧《打龙袍》有一段灯官报灯的数板："尊万岁请上听，细听我灯官报花灯。一团和气灯，和合二仙灯，三阳开泰灯，四季平安灯，五子夺魁灯，六国封相灯，七才子路灯，八仙过海灯，九子十成灯，十面埋伏灯。这些个灯，那些个灯，灯官我一时报不清！往后瞧，又一层：吕布戏貂蝉，大闹凤仪亭。看过了一篇又一篇，昭君打马和北番，路过那雁门关……"彩灯样式繁多，有鸭子、鱼龙、书卷、楼船等造型；或提或挂，或置案头；更有镂空燃灯者，乃至以冰雕楼阁人物，玲珑剔透。这些灯生动活泼，富有浓厚的生活气息。

在人类发展的进程中，灯还是帮助人们保存火种的器具，是人类薪火相传的吉祥之物。在各种喜庆的场合，灯又是点缀气氛的重要器具，洞房花烛要张灯结彩，一对新人共此灯烛光，娘家人还要给女儿陪嫁一对新娘灯，寓意为"添丁"，祝福一对新人瓜瓞绵长；除夕，也要灯火通明，阖家守岁，共度美好时光；元宵佳节更是要观灯、猜灯谜，把春节的狂欢进行到底。

古人的心是多彩的、敏锐的，他们赋予了灯太多的内涵。唐伯虎说："有灯无月不娱人，有月无灯不算春。"简单的两句话把人们带进迷人的元宵之夜，也许只有在元宵之夜赏灯的时候，我

花灯

们的心才能与古人对话。因为灯节（元宵节）是我们千百年来的民族传承，它蕴含着中华民族对美好幸福生活的期盼。

　　灯节历史悠久，至晚在西汉初期就已经有上元观灯的习俗。上元观灯的来历有多种说法。有人说元宵节起源于汉朝，据说是汉文帝时为纪念"平定诸吕"而设。汉惠帝刘盈死后，吕后篡权，吕氏宗族把持朝政。周勃、陈平等人在吕后死后，铲除吕后势力，拥立刘恒为汉文帝。因为平息诸吕的日子是正月十五日，汉文帝下旨此后每年正月十五日之夜张灯结彩万民同乐，并把这一天定为元宵节。还有人说这与汉武帝和东方朔有关。相传东方朔偶遇因思念亲人而欲投井的宫女元宵，东方朔了解了元宵的身世以后，便决定帮助宫女一家团圆。于是，他扮作算命先生散布火神要在正月十五火烧长安城的消息，汉武帝得知便向东方朔询问化解之

第三章 节日物件呈喜庆

法。东方朔一方面建议汉武帝命令这一天全城挂上大红灯笼,并取消宵禁允许百姓观灯,另一方面让宫女元宵做一盏上面写着"元宵"的灯笼。到了正月十五,全城百姓观灯,元宵的父母也在人群之中见到写着"元宵"的灯笼,便大声呼唤"元宵",元宵一家团圆。从此留下了元宵节观灯的习俗。

自汉以后,元宵观灯的习俗逐渐定型,元宵灯会也日趋繁盛。南朝梁简文帝《列灯赋》中描绘了当时宫廷在元宵节张灯的盛况:"南油俱满,西漆争燃。苏征安息,蜡出龙川。斜晖交映,倒影澄鲜。"明代刘侗、于奕正《帝京景物略》中记载自唐至明灯节张灯时间长短的变化:"张灯之始上元,初唐也,睿宗景云二年正月望日,胡人婆陀请燃千灯,帝御安福门纵观。上元三夜灯之始,盛唐也,玄宗正月十五前后二夜,金吾弛禁,开市燃灯,永为式。上元五夜灯之始,北宋也……上元六夜灯之始,南宋也,理宗淳祐三年,请预放元宵,自十三日起,巷陌桥道,皆编竹张灯。而上元十夜灯,则始我朝,太祖初建南都,盛为彩楼,招来天下富商,放灯十日。今北都灯市,起初八,至十三而盛,迄十七乃罢也。"宋代经济发达,京都尤为富庶,东京汴梁灯市之盛况空前。明清时期,北京及京畿地区观灯盛况空前。灯会时间一般都从正月十三开始,到正月十八止,为时6天。正月十三谓之试灯,正月十四至十六谓之正灯,正月十七谓之残灯,正月十八日落灯,整个灯节活动才基本结束。

《燕京岁时记》中也有类似记载："自十三以至十七均谓之灯节，惟十五日谓之正灯耳。每至灯节，内廷筵宴，放烟火，市肆张灯。而六街之灯以东四牌楼及地安门为最盛，工部次之，兵部又次之，他处皆不及也（兵部灯于光绪九年经阎文介禁止）。若东安门、新街口、西四牌楼亦稍有可观。各色灯彩以纱绢玻璃及明角等为之，并绘画古今故事，以资玩赏。市人之巧者，又复结冰为器，栽麦苗为人物，华而不侈，朴而不俗，殊可观也。"天津在正月初一至元宵节，城庙内外，擎灯出售者密如繁星，五光十色，镂金错彩，居家铺户，银花火树，如游不夜之城。《津门杂记》中写道：灯节期间，天津"通衢张灯结彩，燃放花炬，遍地歌舞"。从上述史料可以看出，北京及京畿地区，灯节前后，要张灯三到五天，除路灯和铺户及宅院的门灯要通宵照明之外，一些繁华街道的商店、庙宇也都要悬挂花灯。十五、十六两天，是春节的最后一个高潮。人们要把春节的喜庆发挥到极致，把热闹进行到底。到了夜晚，灯火辉煌，人山人海，熙熙攘攘。孩子们拿出灯笼，成群结队地唱着童谣"打灯笼会"："打灯笼会儿哩，烤手哩；你不出来，我走哩""一大（指钱）一个灯，两大一个灯，三大买个提拎灯"。各式各样的灯笼，纸质的、玻璃的，上边还有各式各样的图案，开始是一两盏，逐渐便排成了灯笼的长龙。

正月十五这天天津还有一个特殊的习俗。舅舅要给外甥买一个

第三章 节日物件呈喜庆

鸭子灯。天津流传着一句谚语叫"娘亲舅大",意思是母亲这边的亲属,以舅舅的地位最为尊贵。他是母亲家族的代表,对于外甥一生中一些重大事件诸如婚姻、分家析产等,舅舅都有着很大的权威;家庭内部的纠纷,也往往由舅舅出面解决。因此舅舅和外甥之间的关系最为亲密,之所以买鸭子形的,乃是取"鸭子"的谐音为"押子",意在保佑外甥无病无灾,一年顺遂。

除了观灯以外,人们还要猜灯谜。灯谜,又称"文虎";猜灯谜,亦称"打虎"。灯谜种类繁多,从谜面内容上区分有字谜、人物谜、器物谜等,从谜格上分又有秋千格、卷帘格、曹娥格、白头格、梨花格等。下面列举几个灯谜,如:"北京零时"(打一动物,谜底为"燕子"),"木兰之子"(打一食物,谜底为"花生"),"举头望明月"(打一外国地名,谜底为"仰光")。下面我们再看两首诗谜:一首是"能使妖魔胆尽摧,身如束帛气如雷。一声震得人心恐,回首相看已是灰",这是《红楼梦》中元宵节时贾元春所作,谜底要求打一物品(谜底为"爆竹")。另一首是"偶因一语蒙抬举,反被多情又别离。送得郎君归去也,倚门独自泪淋漓",这个谜语的谜底是一日常用具(谜底为"雨伞")。

老虎褡裢：端午吉祥物

老虎褡裢是流行于京津冀地区的端午吉祥物。它由碎布头缝制成辣子、蒜头、柿子、粽子、葫芦、簸箕、小荷包、小老虎等形状，用丝线串联起来，下有香包（内放艾叶薰草），香包坠有五色丝线制成的流苏穗子。到了端午日，将其佩戴在幼儿的胸前、衣襟或手臂，以此来祛毒辟邪。老年间在京津冀地区，每到端午都会有出售老虎褡裢的摊贩，人们都会给孩子买上一个。天津收藏界里，有清代的老虎褡裢，长约一尺半，中间连缀的各种物件儿有20余种。

端午佩戴饰物为南北之通俗，北方也有佩戴长命缕的记载。《津门杂记》中说："系儿以彩线，曰长命缕。"《蓟县志》记载，儿女辈以五色丝系颈上，名"百岁缕"。冯文洵《丙寅天津竹枝词》写道："五色丝悬长命缕，葫芦样检女儿箱。"京津冀地区不仅佩戴长命缕，还有小儿佩戴老虎褡裢的习俗。《帝京岁时纪胜》中说："五月朔，家家悬朱符，插蒲龙艾虎，窗牖贴红纸吉祥葫芦。

第三章 节日物件呈喜庆

老虎褡裢

幼女剪婇叠福,用软帛缉逢老健人、角黍、蒜头、五毒、老虎等式,抽作大红朱雄葫芦,小儿佩之,宜夏辟恶。"《燕京岁时记》中记载了丝线老虎的制作:"每至端阳,闺阁中之巧者,用绫罗制成小虎及粽子、壶卢、樱桃、桑椹之类,以丝线穿之,悬于钗头,或系于小儿之背。古诗云:'玉燕钗头艾虎轻。'即此意也。"《京都风俗志》也记载了老虎褡裢:"人家妇女,以花红绫线结成虎形、葫芦、樱桃、桑椹及蒲艾、瓜豆、葱蒜之属,以彩绒贯之成串,以细小者为最,缀于小儿辫背间。"从上述清代文献记载看,端午小儿佩戴老虎褡裢已成京津两地之通俗,而京津又处于燕赵腹地,自然也就逐渐辐射到河北省境内。至于老虎褡裢何时名之曰"褡裢",这要从何为褡裢说起。褡裢是一种两端装东西的口袋,大的可以挂在肩上,小的可以挂在腰带上。而老虎褡裢的形状和佩戴方式都与之相似，民间命名为老虎褡裢大概出于这个原因。

端午为什么要给小儿佩戴老虎褡裢？原因就是祛毒辟邪。古人以端午为"恶日""毒日"。时至五月，阳气渐盛，各种毒虫开始频繁活动，极大地影响了人们的日常生活。故此，端午这一天，要喝雄黄酒，挂菖蒲、艾草，还要打扫卫生，并在门口、屋内的角落撒石灰（石灰有除湿、避虫的功效），做这些的目的都是祛毒辟邪。北方的夏日闷热潮湿，适于五毒（蝎子、蜈蚣、毒蛇、壁虎和蟾蜍）生存，这就有了祛毒辟邪的客观需求；京津冀地区地处华北平原，地势相对低洼，闷热多雨，部分地区尤其是天津河道纵横，因此夏季空气潮湿。老年间，城镇居民居住条件较差，多为棚户区，极为潮湿，屋角、墙根儿的墙皮常常因潮湿而剥落，农历五月已是仲夏，低矮的棚户尤其闷热潮湿，适于五毒出没，郊县尤甚；端午避五毒就尤为重要。辣椒、蒜头等皆为辛辣之物，其气味可以驱虫；扫帚、簸箕可以清除污秽；老虎为至刚至阳的动物，是百兽之王，更是祛毒辟邪的首选之物，因此老虎褡裢中的荷包、香囊内会装有艾叶薰草，确实可以起到驱虫的效果。不仅如此，给孩子戴上老虎褡裢，还表达了人们对美的追求。旧时，四五岁以下的小孩儿在端午挂老虎褡裢，头戴老虎帽，身穿五毒衣，足蹬老虎鞋或五毒鞋，甚是呆萌，为节日增添了喜庆氛围。

如今，随着人们居住条件的改善，生活水平的提高，端午祛毒的客观需求逐渐消失，老虎褡裢也逐渐失去了它的实用价值，制作老虎褡裢的技艺也渐渐失传，但是还有人坚守着这项非遗技术的传承。各种媒体平台都报道过相关的信息，诸如天津北辰区双口镇双口二村的王文兰、河北省黄骅齐家务乡的天津籍知青袁世珉、河北省霸州市胜芳镇的孙玉珍等老人虽已年迈，但一直传承着这门技艺。

糕点模具：节日添喜庆

传统糕点以其造型精致、图案丰富、味道可口为人所喜爱，如此精美的糕点是怎么做出来的？这要归功于一种糕点定型的模范——糕点模具。

制作糕点模具有繁杂的工艺。大多选用木纹纤细、板面光滑、不易开裂、耐久保存的枣木、梨木等木料。将木料锯成相应大小的坯料，然后根据预先设计好的造型来雕刻。首先，刻出初步轮廓，俗称"开方"；其次，在"开方"的基础上进一步雕刻，称为"打边牙"；最后，由经验丰富的老师傅精雕细琢，该工序是制作糕点模子的关键工序，从立意到刻制工艺水平的展现，成败在此一举。

传统的糕点模具之一是月饼模子，俗称"月饼印"。"月饼"一词见于史料，始于宋代。南宋周密《武林旧事·市食》中将月饼与子母茧、春茧、荷叶饼、芙蓉饼等几十种蒸食并列。南宋吴自牧《梦粱录》卷十六中也有月饼的记载，不过和《武林旧事》一样，将月饼作为和芙蓉饼、菊花饼、蟹肉包等众多名点心一样的市井小吃，而且"四时皆有，任便索唤，不误主顾"，与中秋无关。月饼成为中秋节的节令食品不知始于何时，但明代中秋吃月饼已经成为一种普遍的习俗。《西湖游览志余》中记载："八月十五日谓之中秋，民间以月饼相遗，取团圆之义。"

随着月饼的产生，"巧名异状"的月饼模子也就应运而生。月饼模子是对中秋节民俗演化的物质记录，是历史文化、艺术形态的积淀，也是民间传统审美观念的物化。元代月饼模子整体风格比较粗犷，而明清时期的月饼模子则较为精美。明中期，月饼模具开始出现寿桃、鲤鱼、莲花等图案，整体风格体现简约之美、线条之美。清代月饼模具的制作工艺日渐高超，出现了"三合一"的月饼模子。材质为紫砂陶，上有三个图案，最上是寿星图案，中间是鲤鱼，最下方是寿桃。

中秋是中国人重要的节日，寓意着吉祥团圆。月饼模子以象征团圆的圆形为主，也有寓意吉祥的莲花形、桃形、蝙蝠形。雕刻的图案多为嫦娥、玉兔、吴刚、桂树等代表中秋节的形象，大多配有以春兰、夏荷、秋菊、冬梅为题材的花卉纹饰，福、禄、寿、喜的文字纹饰，龙、兔、猴、麒麟、蝙蝠等瑞兽纹饰，以表达祈福、纳祥之意。月饼模子的形制规格、图案、风格受不同民族、不同地域的影响。北方的月饼以京式月饼为代表，月饼模子的整体形

糕点模具

制大于南方。老北京的自来红和自来白月饼最为传统，图案的周边是一个环形，里边刻上五仁、白果等馅料名称，风格简约、大方。

京津冀地区，还有一种传统的糕点模具就是五毒饼的模子。五毒饼是一种在端午食用的外表有"五毒"图案的玫瑰饼。玫瑰饼是北京特产，天津、河北两地亦有售卖。人们用玫瑰花瓣作原料，先捣成玫瑰酱，再加以上等白糖和蜂蜜在锅里熬稀，拌上松仁等果料，调成馅儿，做成雪白的翻毛酥皮饼，然后盖上鲜红的"五毒"形象的印子，就成了"馈赠亲友，称为上品"的五毒饼了。

京八件为明清宫廷糕点。其外形主要为扁圆、如意、桃、杏、腰子、枣花、荷叶、卵圆等八种形状，一般刻有"福、寿、禄、喜、事事如意"等吉祥话以及精致的纹样。这些糕点均通过各种形状的模具烘焙而成。还有一种小吃，叫"熟梨糕"，京津地区的人们儿时都吃过。熟梨糕，又称"甑（zèng）儿糕"，是天津一种独具特色的风味小吃。名为"熟梨糕"，但主料是大米，里边并没有梨。售卖者将事先蒸好的大米粉渣放在小木甑里，蒸熟以后抹上一点豆馅、红果，是地道的天津美食。过去，卖熟梨糕的都是走街串巷，嘴里不停地吆喝着"熟哩，熟哩……"，天长日久，人们将"熟哩"谐音为"熟梨"，并在后面加上了一个象征其归属的"糕"字，从而得名"熟梨糕"。蒸熟梨糕的木甑也是一种简单的糕点模具。

兔儿爷：最接地气的神

中秋佳节，京津冀三地都有供奉兔儿爷的习俗。《帝京岁时纪胜》载："京师以黄沙土做白玉兔，饰以五彩妆颜，千奇百状，集聚天街月下，市而易之。"老年间，每至中秋，街市上摆满林林总总的彩色泥制兔像，供人选购。随着时代的发展，供奉兔儿爷的习俗逐渐消亡，但是它仍作为京津冀三地人们曾经的中秋记忆留存在尘封的历史之中。兔子是如何被抬上神坛成为"爷"的？兔儿爷作为月神又与其他的神灵有什么不同？

月亮最初的动物化身形象是蟾蜍。诗词作品中"蟾宫""蟾轮""蟾阙""蟾窟"等皆指代月宫、月亮。自嫦娥怀抱玉兔飞升广寒宫后，玉兔逐渐取代了蟾蜍的地位。《淮南子》记载："羿请不死之药于西王母，姮娥窃之奔月。"姮娥即嫦娥。不死之药来自西王母，而玉兔是西王母御前的捣药者。于是，以西王母的不死药为媒介，玉兔同嫦娥挂上了钩，嫦娥的归宿也就成了玉兔的归宿。传说嫦娥升天成仙时，怀抱一只白兔，名为玉兔。在汉代画像石里就已出现兔神形象，神像呈站立状，和人体比例相同，手持木杵，下有容器，做捣药状。《燕京岁时记》中关于"月光马儿"的描述中说："京师谓神像为神马儿，不敢斥言神也。月光马者，以纸为之，上绘太阴星君，如菩萨像；下绘月宫及捣药之玉兔，人立而执杵。""玉兔捣药"与嫦娥窃"不死之药"飞升的传说是对应互补的，因此玉兔就兼具月神和药神的双重身份。

　　关于玉兔化身为兔儿爷还有一段美丽的传说。相传，北京曾暴发瘟疫，众多良医束手无策。月宫中的嫦娥不忍百姓无辜丧命，就命玉兔来到人间救治。玉兔化身为白衣少女挨家挨户上门救治。不料每到一家都吃了闭门羹，玉兔百思不得其解，低头看到自己一袭白衣，明白了其中原委。原来，京城百姓家家有人染上了瘟疫，自己一身白衣如同丧服，自然不被人们接纳。玉兔顿悟之后，化身为红衣少女，果然情况大有改观。玉兔把自己带来的红白两种神药施舍给百姓，药到病除。口口相传，找玉兔求医问药的人不计其数，玉兔为了更快地救治百姓的疾病，便化身为各种形象，乘着不同的坐骑奔忙于北京各地。很快瘟疫得到了控制，玉兔完成了使命回到了月宫。百姓们为了感念玉兔的恩德就按照自己所见到的玉兔形象塑成了不同的泥塑。《燕京岁时记》载："每届中秋，市人之巧者用黄土抟成蟾兔之像以出售，谓之兔儿爷。有衣冠而张盖者，有甲胄而带纛旗者，有骑虎者，有默坐者。大者三尺,小者尺余。"这一习俗逐渐辐射到周边的天津、河北、山东等地。

因玉兔来自月宫,渐渐地供奉兔儿爷就与中秋相关联。明朝初年,每逢中秋时分,人们主要供奉月光菩萨,而玉兔是菩萨座前的陪侍者。明末纪坤《花王阁剩稿》记载:"京师中秋节多以泥抟兔形,衣冠踞坐如人状,儿女祀而拜之。"说明那时的玉兔已被塑造成人形,接受民间祭拜。清末民初天津诗人冯文洵《丙寅天津竹枝词》中写道:"月宫神马拜家家,取义团圞供果瓜。位甚尊崇名甚亵,闺人戏唤兔儿爷。"

玉兔成为月神,并被称为"爷",是受京津两地语言的影响。"爷"是京津百姓对成年男子的敬称。九五之尊的皇帝是"万岁爷",明镜高悬匾额下的官员是"大老爷",还有"相爷""军爷""驸马爷"和三义庙里的"关老爷",不一而足。自然界或神坛仙界的尊者也一概被尊称为"爷"。太阳,俗称"老爷儿";至高无上的天,是"老天爷";掌管人间财运的,是"财神爷";守卫门户的,是"门神爷";管理地方的,是"土地爷"和"城隍爷";管人间烟火的,是"灶王爷";掌管生死的,是"阎王爷";负责风雨的,是"龙王爷";月宫捣药的玉兔自然要被尊称为"兔儿爷"。

玉兔所携带的神药和京式月饼还有某种关联。据传说,玉兔带

第三章 节日物件呈喜庆

来了红白两种神药，治好了京城百姓的瘟疫，这两种药就演变成了自来红和自来白月饼。自来红月饼又称"红月饼"，以白糖、冰糖渣、果仁为馅，辅以桂花，用香油和面烤制，口味香甜，桂花香味浓郁。自来白月饼以猪油、白糖、山楂、枣泥、桃仁、瓜子仁等为馅料，口感比自来红月饼更加酥软。

民间有"男不拜月"的习俗，中秋拜月都是闺中少女或已婚的少妇。杨柳青年画有《果鲜敬月图》，图中画着中秋佳节把时令水果摆在桌案上，其中西瓜要切成莲花形，夜深时分，少女们虔诚拜月。还有《拱向蟾轮》，为杨柳青著名画师高桐轩所作，画面生动地描绘了少女拜月的场景，还有儿童跪拜模仿的细节，其上题诗，细腻地表现了少女的心态："十五学拜月，拜月十五夜。心自重月圆，何尝愿早嫁。"中秋拜月属于女性的私密活动，男性与幼童不宜参与。为避免幼童模仿拜月，故将兔儿爷给孩子作玩具。然而，脾气好、度量宽、有人缘的"兔儿爷"，对此也欣然接受。

京津冀三地百姓供奉的兔儿爷分为两种：一种是泥像的，祭祀之后摆在桌上充任饰品兼玩具；另一种是画在纸上的神像，又名"兔儿爷马儿"。启功先生曾回忆说："记得小时，每年八月十五（阴历），月亮上来最圆最亮的时候，大家在院子里供兔儿爷。供品有藕和月饼，据说藕是准备给兔儿爷剔牙的，月饼是给嫦娥吃的，

兔儿爷

象征团圆。可老规矩是只许女子上这份供。兔儿爷竖着长耳朵咧着三瓣嘴，眼睛直盯盯看着大家，坐在供桌上面，一副憨厚又天真的神气样子。特别有一种神的代表叫月光马儿。用秋秸秆扎个架子，月光马儿就贴在上面，纸上印的是白兔在月亮上拿着杵捣药图。这捣药的工作可是要求高啦，既要心地善良纯洁，又要精细劳动，频繁地重复同一操作，才能保证给人间送去灵药。这个马儿要背对着月光放，男孩子准看不准磕头，我小时候好奇尽看。真正供的兔儿爷，并没有金盔金甲，而是立着捣药忙着呢。这是古时候的人们对于自然现象不能解释清楚，用神说事儿。"启功先生的这段回忆，有两点值得关注：一是兔儿爷作为月神，只允许女子祭拜，这与"男不拜月，女不祭灶"的民谚契合；二是月光马儿上的图案——月宫里玉兔持杵捣药，任劳任怨的风范，令人敬佩。

兔儿爷形象同样进入到了我们的语言系统，尤其是民间语言系统。京津两地都有以"兔儿爷"为题的歇后语，例如"兔儿爷掏耳朵——崴泥""兔儿爷带胡子——愣充老人""兔儿爷洗澡——一摊泥""兔儿爷拍胸脯——没心没肺"等等。兔儿爷的典型特征是长长的耳朵，因此，在天津流传着一句戏谑的俗语，如果有人耳背，就说："你了（你了，天津方言，相当于"您"）耳背，等八月十五换一个。"这里的"换一个"指的是让对方换一个兔儿爷的长耳朵。

如今，供奉兔儿爷的习俗日渐式微，即便市场上见到兔儿爷，也只是儿童的玩偶而已；但是兔儿爷形象自产生之始，就因兼具儿童玩偶、人间世俗保护神的双重身份而被人们顶礼膜拜，它寄托的是人们对幸福、安康的追求与期待。

四 生活器物存哲理

中国传统造物的意境在于体现人与自然的和谐统一，在于人伦社会的和谐有序。一个茶碗、一双筷子、一把锁、一杆秤，这些看似简单平常的器物构成了我们的日常生活。它们不仅是一种生活器具，更是一种文化，一种雅俗共赏的文化。上自宫廷的精美器物，下至民间"粗鄙"之物，都蕴含着创造者独特的生存智慧、审美情趣。在和谐有序的前提下表现出心与物、文与质、形与神、材与艺、用与美的统一。

第四章 生活器物哲理存

门：什么是门当户对

如果我们穿越回 100 年前的老北京，一定会为当年巍峨的紫禁城所震撼，那高高的城门是那样的富丽堂皇。如果我们走在老北京四九城的街道上，也一定会看到各式各样的门，而根据这些门的不同形制能判断门内住的什么人家。2001 年，由郭宝昌执导，斯琴高娃、陈宝国、刘佩琦等主演的表现北京老字号"百草厅"药铺的兴衰史以及医药世家白府三代人恩怨的电视剧就以《大宅门》命名。宅门即宅院的大门，借指住在深宅大院的富豪人家，大宅门即富豪人家中的顶级，也可以理解为"名门望族"。在近代，天津先后出现了新旧八大家，同样演绎出很多大宅门的故事。在天津家庭生活习俗中也有"门"的概念，这里的门也不是简单的字面意思，而是一家兄弟几人在父母去世以后析产异爨（指分家后各自独立生活），各家支系按照排行称"长门"（亦称"大门"）、"二门"、"三门"。由此可见，在我们中国人的观念中，"门"绝不是一个简单的房屋建筑的出入口，而是一种富有更多文化内涵的象征。

门,在不同的建筑中、不同的位置,称呼有所不同。《尔雅·释宫》中说:"閍谓之门,正门谓之应门,观谓之阙,宫中之门谓之闱,其小者谓之闺,小闺谓之阁。衖门谓之闳,门侧之堂谓之塾。橛谓之阃,阖谓之扉,所以止扉谓之闳。"

门,不仅是一种实用性装置,还具有礼仪象征的功能。《礼记》中说:"大庙,天子明堂。库门,天子皋门。雉门,天子应门。"其中"大庙"指的是鲁国的太庙,这句话把鲁国太庙的各种门与天子明堂的门相对应,可见在古代门具有象征礼仪规范、礼法制度的功能。

门的形制规格象征的是礼法制度。例如,宫门,是官式建筑中门的最高等级,表示帝王建筑之门。城门,是城池出入之所。不同的城市,城门的规制也有所不同。都城一般设九门,清代有九门提督一职,负责的就是都城的拱卫。衙门又称"牙门",古代有"天子出门建大牙"之说,即竖牙旗为门,后来才演变成官吏办公的地方。宫门、城门、衙门都是官府建筑之门。官府建筑之门的最高级别就是皇宫的门。故宫是我国古代皇宫的代表,故宫的门自然不同于别处,它还承担着彰显皇家威仪、体现礼法制度的功能。比如故宫的午门、神武门(明代称"玄武门")、东华门、西华门,分别位于故宫的南、北、东、西四个方位。清代为

第四章 生活器物哲理存

了更加突出皇家建筑的肃穆威严，一改明朝皇家建筑的门为歇山顶的旧制，一律采用最高规格的庑殿顶。午门是紫禁城的正门，位于紫禁城南北中轴线上，受古代"五门三朝"规制的影响，它的前面有端门、天安门（明代称"承天门"）、大清门（现不存），后面是太和门（明代称"奉天门"）。午门呈"凹"字形，正中开三门，两侧各有一座掖门，俗称"明三暗五"。中门为皇帝或重大典礼专用，皇帝大婚时，皇后的喜轿可以从此进入；殿试选拔的状元、榜眼、探花，在宣布殿试结果后可从中门出宫。东侧门供文武官员出入。西侧门供宗室王公出入。两掖门只在举行大型活动时开启。神武门是宫内日常出入的门禁，皇后行亲蚕礼即由此门出入。清代每三年一次选秀女，备选者亦由神武门入宫候选。东、西华门则担任着连接皇城与宫城的枢纽作用。

正如官府的门禁一样，私人宅邸的门也有不同的等级，从高到低依次为：王府大门、广亮大门、金柱大门、蛮子门、如意门、随墙门。不同的门象征的是宅院主人不同的身份地位。王府大门是屋宇式宅门的最高等级，位于宅院的中轴线上。王府大门分为五间三启门和三间一启门两个等级，门上装饰有门钉，两侧有雌雄石狮子一对。亲王府门面阔五间，可开启中央的三间，有九行、七列共63个门钉；郡王府大门面阔三间，可开启中央的一间，门钉则为九行、五列共45个门钉。广亮大门又称"广梁大门"，因

大门

门前有半间房的空间，房梁全部暴露在外而得名。它是高等级官宦人家的宅门形式，位于宅院的东南角。一般采用五檩中柱式，平面有六根柱子，分别是前后檐柱和中柱；门扉设于门庑中柱之间；门槛下两侧有抱鼓石。金柱大门是普通官宦人家的宅门形式，与广亮大门的区别主要在于它的门扉设在前檐金柱之间。蛮子门是富豪之家的宅门形式，与广亮大门、金柱大门的区别在于门扉外面不留容身的空间。如意门则为普通人家的四合院宅门，其形制特点大体和蛮子门相仿，而彩绘砖雕则略显逊色。等级最低的是随墙门。随墙门，也称"墙垣式门"。随墙门无门洞，顺墙开，院门较窄，构造简单，门上方或左右的墙上略作装饰处理。

　　门的形制不同，代表着家族的身份、地位不同，彼此之间界限分明，壁垒森严，这就是门阀制度。魏晋时期施行九品中正制，门阀士族垄断了朝廷重要的官职，形成了"上品无寒门，下品无世族"的局面。这种局面直到科举制的兴起才逐渐被打破，寒门庶族才有了进身之阶；但是门第观念在人们的心中依然根深蒂固。

门不仅限制了不同身份之间的人的交往，还限制了女性的自由。有一句形容大家闺秀的话叫"大门不出，二门不迈"，其中的"大门"指的就是院门；"二门"指的不是女子的闺阁之门，而是院落里的垂花门。古代四合院，有的有两进院，第二进院门通常为垂花门。因此形容闺阁女子不与外界接触，就说"大门不出，二门不迈"。明代汤显祖《牡丹亭·惊梦》中有"皂罗袍"唱段："原来姹紫嫣红开遍，似这般都付与断井颓垣。良辰美景奈何天，赏心乐事谁家院！朝飞暮卷，云霞翠轩雨丝风片，烟波画船。锦屏人忒看得这韶光贱！"这一段唱词传神地表现了杜丽娘身心被封建礼教束缚的苦闷。

在大宅门，还有一种连通宅院或花园不同区域的洞门。它的特点在于没有门扉，外形多样，诸如六角形、八角形、方形、圆形等，一般根据宅院内部的具体环境以及主人的审美情趣来定。

传统房屋建筑的门还有各种装饰。比如门钉，是钉于大门门扇外面的圆形凸起装饰，钉上一排排硕大的门钉，既显得大门更加紧固，也给人一种庄严肃穆之感；门钉的数量还象征着主人的身份。纵九横九，是皇家的门钉数量；纵九横七，为亲王的门钉数量；依次递减至纵五横五，是五品以上官员门钉的数量；五品以下官员的宅院大门不得有门钉。除了门钉以外，还有门当和户对，也是门的装饰物。门当，是门口相对而置的一对石墩或石鼓；户对，是置于门楣上或门楣两侧的砖雕、木雕。只有大户人家的院门才有门当和户对，小门小户则没有，因此形容两家姻亲经济条件、身份地位相当，可以说"门当户对"。

在民间，普通百姓对于门的设置也极为重视，认为门的位置、朝向代表着宅院的风水。在很多地区流行着"宁动九坟，不动一门"的说法。对于房门方位的设置，讲究"宁要青龙门，不要白虎门"。青龙门，即东门；白虎门，即西门。传统民居大多坐北朝南，为了更早地见到阳光、迎接光照，门应该靠东，不能靠西。

"门"不仅是房屋、车船的入口，还被虚化为达到某个境界或进入某个领域的途径，得其门而入者，谓之"门内人"，否则是"门外汉"。在传统武术、戏曲、艺术等领域都有门派之说。仅就武术而言，有太极门、少林门、八卦门、地躺门、形意门等。每个门派的宗师、负责人则称为"掌门"。

第四章 生活器物哲理存

床榻：坐卧之具

古时，燕地是抵御北方游牧民族南下的边界地带，秦汉以来战争频仍，反映这个地区战争徭役之苦的作品亦随之层出不穷。魏文帝曹丕的《燕歌行》即是其中的代表。郭茂倩《乐府诗集》引《乐府广题》说："燕，地名也。言良人从役于燕，而为此曲。"《燕歌行》不见古辞，这个曲调可能就创始于曹丕。曹丕《燕歌行》其一有"明月皎皎照我床，星汉西流夜未央"的诗句。这句诗描写了身在家乡的女子于月明之夜在卧榻之上辗转反侧思念远在征途的丈夫。类似的不胜枚举。如《古诗十九首·明月何皎皎》中的"明月何皎皎，照我罗床帏"，温庭筠《瑶瑟怨》中有"冰簟银床梦不成，碧天如水夜云轻"。可见床历来是诗人笔下常见的意象，在中国文化发展史中，床自产生之初就已不是一个简单家庭生活器具。

床，是日常生活不可或缺的家具，它又经历了怎样的历史变迁？背后又有哪些历史故事呢？

传说，上古就已经有了床，明董斯张《广博物志》记载，神农氏发明了床。甲骨文中已有象形的"床"字，写作"𤕫"，金文写作"𤕰"，可见商周时期床已经存在。三国时期，是我国低型家具形成期，彼时古人席地而坐，并没有凳子、椅子之类的坐具，床就兼具了坐卧两种功能。《说文解字》中解释曰："安身之坐者。"比之稍晚的《释名》则解释曰："人所坐卧曰'床'。"《后汉书·袁术传》："（袁术）坐簟床而叹曰：'袁术乃至是乎！'"李贤注："簟，笫也。谓无茵席也。"可见，床在最初兼具坐卧两种功能，并非仅是卧具。

床的功能决定了床的形制。从形制的角度床可以分为罗汉床、架子床、拔步床。罗汉床的左右和后面都装有围栏，一般都把它陈设于厅堂待客。其功能类似于现在的沙发，平时用于待客，偶尔可供主人小憩。五代时期，人们还用罗汉床待客。在五代画家顾闳中的《韩熙载夜宴图》上，就有韩熙载坐在三围屏式罗汉床待客的场景。韩熙载所坐的罗汉床黑漆髹饰，三面有雕花高围栏，坐面低，出柱头，并有绘画装饰。架子床三面装有围栏，多用小料拼插成几何图案，带立柱，在床顶安盖，俗谓"承尘"，最后在顶盖四围装楣板和倒挂牙子。这种床，在明清时期尤为流行，一般不具有坐的功能。架子床大都趋于朴素，外观雅致，很少做大面积的雕镂装饰；在床屏上，会雕刻一些文房四宝、状元及第

第四章 生活器物哲理存

或梅兰菊竹等有美好寓意的图案。拔步床，又叫"八步床"，是中国传统家具中体型最大的一种床。它流行于明清时期，是把架子床放在一个封闭式的木制平台上，平台长出床的前沿二三尺，平台四角有立柱，再镶上木制围栏，床前形成一个小的回廊，中间放脚踏，两边摆放桌凳，形成一个独立的小房间。拔步床空间虽小，但应有尽有，就是一个古代建筑的微缩版，正所谓"麻雀虽小，五脏俱全"。古人讲究"光厅暗房"，拔步床体现了古代家具的内敛特性，其封闭独立的空间是古人的精神所在，和现代的样式大多床直白和开敞截然不同。

除了床以外，在汉代还出现了"榻"。《释名·释床帐》记载："人所坐卧曰床。床，装也，所以自装载也。长狭而卑曰榻，言其榻然近地也。小者曰'独坐'，主人无二，独所坐也。"榻也兼具坐卧的功能，狭长而较矮者为坐榻，一般用为坐具；稍

拔步床　　　　罗汉床

大而宽者为卧榻或枕榻，则为卧具。《后汉书·陈蕃传》中记载了一个关于"下榻"的典故。陈蕃为南昌太守，为人正直，当地名士徐稚（字孺子）安贫乐道，官府多次征辟，其坚辞不就。陈蕃诚恳相邀，并在家里专门为徐稚设了一张榻。徐稚一来，他就把榻放下来，让徐稚住宿，以便作长夜之谈；徐稚一走，这张榻就悬挂起来。王勃《滕王阁序》中引用此典，曰："徐孺下陈蕃之榻。"后世遂以"下榻"代指客人来家中住宿，或用于对别人住宿于某处的敬辞。南朝梁沈约《和谢宣城》诗："宾至下尘榻，忧来命绿樽。"《三国演义》第四回"废汉帝陈留践位 谋董贼孟德献刀"中说："使君宽怀安坐，今晚便可下榻草舍。"榻在明清时期逐渐被椅凳取代，而床始终是核心卧具。

  床的形制和功能也在不断地发展完善，到了明清时期是床榻工艺的成熟期。床和榻的坐具功能逐渐被椅凳取代，成为专供人躺卧休息的卧具，其私密性就显得尤为重要。

  床和榻作为坐具，比较适宜人盘腿坐。南宋陈元靓《事林广记》（第四卷"耕织"）中有一幅元代版画插图，我们可以看到元人在榻上单腿盘坐时随便而舒适的坐姿。随着凳子、椅子等高型坐具的出现，人可以双腿垂直于地面而坐，床和榻的坐具功能逐渐消失，床榻便成为专供人躺卧休息的卧具，其私密性就显得尤为重要。明末清初文学家李渔在《闲情偶记》中写道："人生百年，

第四章 生活器物哲理存

所历之时,日居其半,夜居其半。……而夜间所处,则止有一床。是床也者,乃我半生相共之物,较之结发糟糠,犹分先后者也。人之待物,其最厚者,当莫过此。"由此可见人们对于床的依恋。由于床具有睡卧功能,它的私密性、独属性是与生俱来的。宋代曾慥《类说》卷五三引宋代杨亿《谈苑》:"开宝中,王师围金陵,李后主遣徐铉入朝,对于便殿,恳述江南事大之礼甚恭,徒以被病,未任朝谒,非敢拒诏。太祖曰:'不须多言,江南有何罪,但天下一家,卧榻之侧,岂可许他人酣睡。'"《续资治通鉴长编·太祖开宝八年》也有类似记载。后来"卧榻之侧,岂容他人鼾睡"便用于比喻不许别人侵入自己的势力范围。

不过如果是挚友亲朋,则另当别论。唐代韦应物在《示全真元常》中说:"宁知风雨夜,复此对床眠。"白居易也有诗曰:"能来同宿否,听雨对床眠。"同为唐宋八大家的苏轼、苏辙兄弟二人赴汴京科考,寓居汴京城的怀远驿,一日夜半风雨大作,二人诵读韦应物的诗句"宁知风雨夜,复此对床眠"后感慨甚深,兄弟二人相约"功成身退,夜雨对床"。

关于"床"还有一个典故叫"满床笏"。唐朝名将、汾阳郡王郭子仪六十大寿,七子八婿皆来祝寿,由于他们都是朝廷里的高官,手中都持有笏板,拜寿时把笏板放满床头。后来这个主题被画成画,编成戏剧,写入小说,在民间广泛流传。

炕：火炕知多少

以京津冀为代表的北方传统民居多为四合院或三合院。其中坐北朝南的正房一般是相连的3间屋子，正中间为堂屋，常用于待客，两侧是卧室，天津称之为"里屋"。里屋在前檐窗台以下砌砖（或土坯）炕，与堂屋的灶台相通。炕的长短、宽窄并无定制，依房间的大小而定，但炕的长度与房间的面阔相等，宽度略小于房间进深的一半，故有"一间屋子半间炕"之说。

炕，也称"火炕""土炕"，是北方人用土坯或砖头砌成的一种床。《新唐书·高丽传》载："（其人）冬月皆作长炕，下燃温火。"有人据此推断"炕"的发明者为高句丽人。事实上，炕在我国出现的历史远早于唐代。河北保定徐水东黑山村有东黑山文化遗址，其中发现了火炕，年代最早可到西汉早期。在北京延庆燕山山脉和太行山脉接合部位的军都山上发现了唐至五代时期留下的古崖居，其中也发现了火炕，洞窟之中，火炕的长度很不一致，有1米多的，也有2.4米的，大多数的宽度都在1.6米左右。看似

第四章 生活器物哲理存

炕

原始的"炕",却是中国人传统礼制、文化、生活的缩影,充分体现了中国人的智慧。

正如文章开头所说,炕与堂屋的灶台相通,一面连接烟道。秋冬季节,堂屋烧水做饭的同时,就可以把炕烧热,北方人便以此来御寒。依据热气上升的原理,炕的高度一般为8层砖,灶台的高度则为7层砖,这样能更快地把炕烧热,民间有"七行锅台八行炕"的说法。炕接近灶台的地方,温度最高,故称之为"热炕头",家中老人或腰腿有病的人在此睡卧,非常舒服。

炕与灶台相连,既可做饭,又可取暖,这是它的优点;但是它也有明显的不足。过去,土炕的边角、缝隙是毒虫冬季蛰伏的好地方。自惊蛰开始,天气转暖,蛰伏的毒虫开始活动。如何驱除毒虫是非常现实的问题。老年间,天津有一种习俗——二月二敲炕沿儿,蝎子蜈蚣不露面儿。二月初二一般在惊蛰前后,蝎子、蜈蚰等毒虫开始活动，而这些毒虫在古人的动物分类当中属于鳞虫，而龙是鳞虫之长，二月二正是东方苍龙星宿出现在地平线之时，古人称之为"龙抬头"，人们认为这个时候是驱除毒虫的最佳时节，于是就以敲炕沿儿这种方式驱赶毒虫。

火炕临地一边的上沿称为"炕沿"，多用扁方形木板镶在炕身上，上面漆上大漆，讲究的人家还在炕沿上镶嵌雕有寓意吉祥图案的木雕，俗称"活炕脸"。《红楼梦》第五十五回中有"平儿屈一膝于炕沿之上"的细节描写，清末刘鹗《老残游记》第十二回中也有"翠环坐在炕沿上，无事做"的描述。过去，炕的上面一般先铺一层压实的苇草，再铺上苇席，苇席以白洋淀苇席为上品，孙犁的小说《荷花淀》中有这样的描述："月亮升起来，院子里凉爽得很，干净得很，白天破好的苇眉子潮润润的，正好编席"，"六月里，淀水涨满，有无数的船只，运输银白雪亮的席子出口，不久，各地的城市村庄，就全有了花纹又密、又精致的席子用了。大家争着买：'好席子，白洋淀席'"。炕的三面一般糊上纸或钉上花布作为装饰，俗称"炕围子"。在炕靠山墙的一侧一般设有木制的长柜，人称"被格子"，也称"炕琴"，多用红色大漆漆得发亮，用于平时收纳被褥、衣物。周立波《暴风骤雨》第一部中写道："吊灯的晃眼的光亮……照着炕梢上的红漆炕琴。"炕的中间还可以摆放有抽屉的矮条桌，学名为"炕几"，俗称"炕桌"。《老残游记》第九回写道:"靠窗设了一个长炕几,两头两个短炕几。"茅盾《子夜》中也有:"冯云卿下死劲抬起手来在炕几上重拍一下"的描写。炕桌上面可以放置茶壶、茶碗以及瓜果零食。《老残游记》第九回中说:"当中一个正方炕桌,桌子三面好坐人的。"富有的人家还会摆放起装饰作用的屏风,人称"炕屏"。炕屏为屏风的一种,造价昂贵,非富贵人家不能陈设。清代沈初《西清笔记·纪庶品》曰:"造炕屏最难,入窑百十,才得一二成者。"在古代,王侯贵族的屏风制作考究,不但用云母、水晶、琉璃等作为基础材料,还会使用象牙、玉石、珐琅、翡翠、金银等贵重物品作镶嵌装饰物,真可谓"极尽奢华";而民间屏风的制作,大多崇尚实用朴素。在《红楼梦》第六回中,贾蓉说道:"我父亲打发我来求婶子,说上回老舅太太给婶子的那架玻璃炕屏,明日请一个要紧的客,借了略摆一摆就送来。"

过去,家中的老人平时坐在热炕头的位置,或休息,或安排、指导儿孙们日常生活。冬季,外面朔风凛冽,天寒地冻。屋内一家人盘腿围坐在炕桌周围,身子下边热气升腾,喝着茶水,吃着瓜果零食,这就是俗话所说的"老婆孩子热炕头",可谓其乐融融。此时,若来了客人,尤其是女眷,主人都会热情地招呼"炕上坐"。

到了晚上,该休息了,一定要头朝外睡,这样可以避免风寒侵袭,家中的男主人一般在靠门的一侧睡下,有守护家人的意思。如果只有夫妻二人居住，也可顺炕而卧，但必须头朝同一方向，不可"睡通腿"，一般男人在里，女人在外。在炕上休息睡眠，雅称为"炕寝"。宋代朱弁有《炕寝诗三十韵》，诗中写道："风土南北殊，习尚非一躅。出疆虽仗节，入国暂同俗。淹留岁再残，朔雪满崖谷。御冬貂裘弊，一炕且跧伏。"诚然"风土南北殊"，在东北，为了御寒，冬季一家老小挤在一个炕上睡觉是再自然不过的了，而到了南方则就是难以想象的了。

在农村，烧火炕做饭形成的灰烬不会随意倒掉，这是非常好的有机肥。烧火炕，以柴草为燃料，会产生大量的草木灰。草木灰的主要成分是碳酸钾，其中含量最多的是钾元素，其次是磷，此外还含有多种微量营养元素。凡植物所需的矿物质元素，草木灰中几乎都有，可以作为很好的肥料。因此有"多脱坯，换老炕，炕洞烟土肥力壮""灰土和炕土，都是地老虎""家里土，地里金""灶炕土，赛如虎"等农谚。农人还利用火炕调节温度、湿度来孵化家禽，这种方法称为"炕孵"。

灶：文明肇始

从上古时期的灶坑，到后来的用砖或土坯垒灶，再到现代炉灶，灶历经了各种形制的变化。"灶"在金文中写作"󰀀"，篆书写作"󰀀"，隶变以后写作"竈"。从字形上看，"灶"从"穴"，《说文解字》释为"从穴，黿（cù，指蟾蜍）省声。"可见"灶"的造字本义是架锅烧煮食物的灶坑，说明掘地成坑的地灶是灶的最早形式；后来才出现了用砖和土坯垒灶的技术，这种技术出现的时间尚难确定，但最晚是在西汉初期，这已为考古发掘所证实。

灶，是人们生活不可或缺的器具，在传统家庭中尤为重要。一家几代人每日一起进餐是一家和睦的象征，直至新中国成立初期，四世同堂的现象绝非罕见，甚至有五世同堂者。因为某种原因而分家，则称之为"异爨"。"爨"本义指烧火做饭，"异爨"就是本属一家大的几个小家庭分别生火做饭，比喻亲属分家。明代归有光《项脊轩志》中记载："迨诸父异爨，内外多置小门墙，往往而是，东犬西吠，客逾庖而宴，鸡栖于厅。庭中始为篱，已

灶

为墙，凡再变矣。"这段话就描述了归家兄弟分家以后一个大家族分崩离析的没落景象。

　　古人常常会把一些不能理解的自然现象加以神化并作为崇拜和祭祀的对象。人类的居所有了灶以后，人与火朝夕相处，形成了更为密切的关系。人的生活离不开火，离不开灶。人们崇拜火，进而也崇拜灶，也就很自然地产生了灶神。《论语》中有"与其媚于奥，宁媚于灶"的说法。灶王爷是人们敬畏而又亲近的神灵。因为敬畏，人们把他奉为一家之主；因为亲近，人们的祝颂之语既有希望他"上天言好事"的恳求，也有对他的劝导甚至是威胁。在天津民间流传这样一个民谣："灶王爷，本姓张，骑着马，扛着枪，给你个糖瓜捎干粮。上天说好话，不要乱学（天津方言'学'读作'xiáo'）舌，学舌回来，打你个腿折胳膊折。"北京有《门神灶》的俗曲:"年年有个家家忙,二十三日祭灶王。当中摆上二桌供,两边配上两碟糖,黑豆干草一碗水,炉内焚上一股香。当家的过来忙祝贺,祝赞那灶王老爷降吉祥。"广大乡村亦有相关民谣,如:"今年腊月二十三,打发灶爷上青天。骑红马,备金鞍,打马扬鞭一溜烟。到天宫,见老天,抛米撒面你要瞒。初一五更你回来,多带五谷少带灾。多带跑马射箭的(指男孩),少带抽针扯线的(指女孩)。"

祭灶之时要举行隆重的仪式,《帝京岁时纪胜》中对祭祀的仪式有详细记载:"廿三日更尽时,家家祀灶,院内立杆,悬挂天灯。祭品则羹汤灶饭、糖瓜糖饼,伺神马以香糟炒豆水盂。男子罗拜,祝以遏恶扬善之词,妇女于内室,扫除炉灶,以净泥涂饰,谓曰挂袍,燃灯默拜。"天津相声大师马三立的相声《开粥厂》(又名《三节会》)对祭灶所用物品有更为详细的说明:"千张纸,元宝,蜡一份儿,一张烧挂,半斤南糖,一斤关东糖,五个糖瓜儿,十个糖饼儿,一捧炒豆,一个酸面儿火烧,外加一把草料。"所谓"糖瓜儿"是麦芽糖制成的。麦芽糖也称"饴",天津人称之为"糖稀",是把黍子米和大麦仁蒸熟,发酵以后,用清水滤汁,去渣煎熬而成。糖瓜就是用糖稀再加工而成的。具体做法是:江米炒八成熟,晾凉以后磨成粉,和入热糖稀,趁微温而绵软的时候搓条、扣模,做成大小元宝形、瓜形,下脚料即时抟成球状。有的蘸芝麻,有的不蘸；醭（bú）面也分江米面和黄豆面两种，多数使用黄豆面，一是因为黄豆面价格便宜，二是黄豆面有一种特殊的豆香，口感较好。

祭灶，表现的不仅是人们对神灵的敬畏，更是对美好生活的祈盼。但是，在过去对于穷苦人家来说，腊月二十三这一天又被称为"年关"，这是因为这时债主大多要到欠债的人家清算一年的债务。一些难以还债者只好躲出去，谓之"躲年关"，到年三十贴了春联后再回家，民俗有"年三十儿贴花门"之后外人便不可进家的规矩，故称"要命的祭灶，救命的春联"，也有"要命的糖瓜，救命的饺子"之说。

灶对于滨海的天津尤为重要。在天津津南区的葛沽地区流传着一句谚语"先有灶离庙，后有葛沽镇"。离，八卦之一，是代表火的符号。灶离，意即灶火。灶离庙又称"灶立庙"，是煮海煎盐的灶民祭拜灶火之神的地方。天津为退海之地，自古就有先人垒灶煮盐，至今盐业依然是天津的支柱产业之一，有着全国海盐产量最大的盐场——长芦盐场。葛沽位于津南区东南部，早在宋元时期就已有盐民在此垒灶煮盐。元代，在葛沽建丰财盐场，是长芦盐区著名的盐场之一，衙署一直设在葛沽，民国初年迁往塘沽。李乔《中国行业神崇拜》中述及海盐、池盐、井盐之神30余位，根据文献与口述材料，历史上与天津制盐行业紧密相关的神

第四章 生活器物哲理存

庙有灶离庙、盐姥庙、平波侯晏公庙。葛沽的灶离庙里供奉的就是盐民的行业之神。每年农历四月十六日的庙会是远近盐民灶户的盛大节日。葛沽灶离庙始建于金代，庙址在葛沽以南，当地人称之为"南灶"，倡建者是南灶把头万兆平。明天启年间，道人郭慈画《盐灶图》，再现了当年灶离庙香火繁盛的景象。关于灶离庙的传说故事，在津南区民间广为流传。葛沽以南地势低洼，而津沽地区十年九涝。灶离庙庙台并不高，屡遭洪水却安然无恙。1939年大洪水，四处汪洋，唯独灶离庙没被淹没，亦为奇迹。

古时候的灶是烧柴（古人也称柴为"薪"）的，这也催生了一种以砍柴为生的职业——樵夫。汉武帝时期的名臣朱买臣未发迹之前就是一名樵夫。相传朱买臣在挑柴途中背诵诗文，其妻觉得难堪，多次劝阻，他无动于衷，时人嘲笑他为"书痴"。唐代王维《终南山》诗中有："欲投人处宿，隔水问樵夫"的诗句。元稹在他的悼亡诗《遣悲怀》中也有"野蔬充膳甘长藿，落叶添薪仰古槐"的诗句，来描写他的妻子放下相府千金的身段亲自拾柴的生活场景。到了20世纪，西方的坚船利炮叩开了我们的国门，俗称为"洋炉子"的炉灶进入了我们的生活，我们开启了烧水做饭的一种新形式，煤炭逐渐成为日常取暖、做饭的重要燃料。现在我们正逐渐结束烧煤做饭的历史，普遍使用天然气。

箸：筷子有文化

故宫博物院藏品中有一副清代后妃使用的金嵌玉箸。这副玉箸由青白玉制成，顶端、中部和下部三处镶有赤金。上部饰竖棱纹，顶端为尖顶形，中部为凸环纹八道，下部无任何装饰。"箸"就是筷子。中国人以"箸"作为餐具经历了怎样的历史？它又是何时由"箸"改称为"筷子"的？筷子的背后又有哪些文化内涵？我们在使用筷子的时候有哪些禁忌呢？

一般来说，筷子被看作是中国人或者说是汉文化圈使用的餐具，刀叉则是西方用餐的工具。事实上，直到战国时期，我们的祖先还在使用餐叉，河南洛阳的战国墓葬遗址中曾出土若干餐叉。只不过在后来饮食文化的发展过程中，筷子逐渐成了古人的主要餐具，直至今日。

关于筷子的发明有很多的传说。在河南焦作流传着一种说法：姜子牙发明了筷子。姜子牙在未发迹之前，穷困潦倒，他的妻子对他经常是恶语相加，到后来甚至想害死他改嫁。一天，他的妻

第四章 生活器物哲理存

玉箸、玉匙（故宫博物院藏）

金嵌玉箸（故宫博物院藏）

子把饭菜端上来，姜子牙刚伸手去抓肉。窗外突然飞来一只鸟，啄了他一口。如此反复多次。姜子牙心生疑虑，就装着赶鸟追出去，直追到一个山坡上。那只鸟栖息在一枝竹枝上，并呢喃鸣唱："姜子牙呀姜子牙，吃肉不可用手抓，夹肉就在我脚下……"姜子牙按照神鸟的指点，选了两根细竹回到家中。姜子牙将两根细竹伸进碗中夹肉，只见细竹冒出一股青烟。姜子牙明白了原委，就对妻子说："肉怎么会冒烟，难道有毒？"说着，姜子牙夹起肉就向老婆嘴里送。从此，姜子牙每餐都用这两根细竹进餐。中国的第一双筷子就这样诞生了。当然这只是民间传说，并非史实。从文献记载看，《韩非子》《史记》中都有商纣王使用象牙筷子的记录。纣王与姜子牙是同时期人，这就说明姜子牙发明筷子的传说是站不住脚的。而从考古发掘者看，中国人使用筷子的历史至少可以上溯至新石器时代中晚期。在江苏高邮龙虬庄遗址中，发掘出了古箸，是筷子的雏形。

在早期的文字中，出现了"匕"和"箸"（梜）两种餐具。"匕"字是取食器具的象形，金文中的"箸"在秦简牍、小篆中的"梜"都是筷子的古称。随着食材和调料的丰富、烹饪技术的多元化等，古人的饮食愈加繁复，箸最终成为中国人最重要的餐具。《礼记·曲礼上》中说："羹之有菜者用梜，其无菜者不用梜。"至唐代，诗文中已经常出现"箸"，如：李白《行路难》"停杯投箸不能食，拔剑四顾心茫然"，杜甫《丽人行》"犀箸厌饫久未下，鸾刀缕切空纷纶"，等等。

明代始，民间称"箸"为"筷子"。中国人有谐音联想的习惯，渔民发现"箸"与"住"同音，而"住"有"停滞"之义，为渔民所忌讳，于是改称为"快儿""快子"。明代陆容《菽园杂记》对此有所记载。明代李豫亨的《推篷寤语》记载："世有误恶字而呼为美字者，如'箸'讳'滞'，呼为'快子'，今因流传之久，至有士大夫间，亦呼'箸'为'快子'者，忘其始也。"由于筷子多为竹制，后来又在"快"上加了竹字头，就成了"筷子"。

清代《康熙字典》中仅收录"箸"，而没有"筷子"，说明此时在士大夫阶层仍称"筷子"为"箸"。而在小说《红楼梦》中，"筷子"的叫法则多次出现，可见在清代，"筷子"这一称呼已经逐渐影响到上层士大夫阶层。大约到晚清时期，"筷子"已逐渐取代了"箸"。《儒林外史》第二十二回有"走堂的拿了一双筷子、两个小菜碟"的描写。但是在民国时期，"箸"作为雅致的书面语还在文化阶层中被普遍使用，朱自清《背影》中写道，其父在信中说："我身体平安，惟膀子疼痛利害，举箸提笔，诸多不便，大约大去之期不远矣。"文化阶层虽普遍称"筷子"为"箸"，但是也难以抵挡民间怕犯忌、喜口彩的潮流。民间有给新婚夫妇送筷子的习俗，因筷子成双出现又谐音"快"，寓意为"快生贵子"。

制作筷子的传统材质很多，诸如竹、木、骨、瓷、银、玉、象牙等等。银、玉、象牙材质的筷子，是钟鸣鼎食之家使用的。《淮南子·缪称训》中就有纣王使用象牙筷子的记载，文中说："纣为象箸而箕子叽。"《红楼梦》第四十回中有多处关于筷子的情节。其中写道："地下的人原不曾预备这牙箸，本是凤姐和鸳鸯拿了来的，听如此说，忙收了过去，也照样换上一双乌木镶银的。刘姥姥见状，说：'去了金的，又是银的，到底不及俺们那个伏手。'凤姐儿道：'菜里要有毒，这银子下去了就试得出来。'"

筷子，是我们再熟悉不过的生活器具，但是它里面却蕴含着很多我们并不一定知道的知识。比如我们的一副筷子有什么寓意？筷子的长度是多少？为什么筷子是一端为方形而另一端为圆形呢？在使用筷子的时候又有哪些禁忌呢？

阴阳学说，是中国哲学的基本理念，指导着中国古人的生产、生活的方方面面。太极生两仪。在使用的时候，两根筷子，一个主动，一个从动。主动者为阳，从动者为阴，阴阳配合，两根筷子合二为一就是"太极"。我们中国人在日常生活中一般是不会说两根（或两支）筷子的，而是说一副（或一双）筷子，这就说明，我们是把一副筷子作为一个整体来看待的。

筷子的长度一般是七寸六分。这又代表什么呢？它代表的是人的七情六欲。何为七情六欲？有不同的说法。七情，《礼记》中指喜、怒、哀、惧、爱、恶、欲，按佛教的说法是喜、怒、忧、惧、爱、憎、欲，而医家的说法则是喜、怒、忧、思、悲、恐、惊。六欲，《吕氏春秋》指由生、死、耳、目、口、鼻所生的欲望，佛教认为是色欲、形貌欲、威仪姿态欲、言语声音欲、细滑欲、人相欲。各家对七情六欲的具体内容的解读虽有所不同，但都承认它是人的情感和欲望，是客观的存在。

筷子的长度蕴含的是古人对人性的认识，筷子的形制则蕴含了古人的宇宙观。筷子也是取法自然而成，暗合古人天圆地方的宇宙观。方形的一端为"坤"，代表大地；圆形的一端为"乾"，代表天空。

一副筷子需要用手灵活地运用，但殊不知，这里也蕴含着大道理。用筷子的时候，拇指、食指在上面，无名指、小指在下方，

第四章 生活器物哲理存

中指为中,这对应着中国人天地人的三才观。所谓天时地利人和,只有三者互相契合,所形成的力量才是最大的。

筷子还是收藏品,为博物馆或私人收藏家所收藏。天津博物馆珍藏着一双象牙筷子,是1924年国民党一大期间,孙中山赠予天津早期共产党人于方舟的纪念品。这双筷子见证了第一次国共合作的历史,象征着革命精神的传承。于方舟是五四运动时期天津的杰出领导者,后来在冀东暴动中牺牲,其夫人谈芳荪于1959年将这双筷子捐赠给天津博物馆。天津还有一位民间收藏家,叫王少柱,他收藏了500多副不同材质的筷子,并在2008年北京奥运会前夕制作了一双长达2008毫米的花梨木"奥运箸",刻有历届奥运会信息,表达对奥运的祝福。

中国为礼仪之邦,筷子在使用中还有很多禁忌。北京、天津地处燕赵腹地,因此京津冀的很多文化习俗极为相近,其中就包括用筷子的习俗。在吃饭的时候,是不允许"击盏敲盅"即不能用筷子敲打饭碗的,因为在过去乞丐讨饭的时候常敲碗盆伴有哀求声;不能"当众上香",即不能把一副筷子直插在饭中,只有在给死者上供品祭拜时才这么做;不能"执箸巡城",即不能拿着筷子在桌子上的菜盘里来回寻找,迟迟不落筷;不能"迷箸刨坟",即不能拿着筷子在菜盘里不住地扒拉,挑肥拣瘦;不能"定海神针",即不能用筷子去插不好夹的食物;不能"泪箸遗珠",

即不能在夹菜的时候流汤漏菜;不能"仙人指路",即不能拿着筷子指指点点,这是对人极不尊重的表现;还不能把筷子平放碗口,宴请宾客时这么做等于在下逐客令。用餐时暂时停餐,可以把筷子直放在碟子或者调羹上;如果将筷子横放在餐碟上,就表示不再进食,但不收拾碗碟,即"人不陪君筷陪君"。这种横筷的礼仪,我国古代就有。横筷礼一般用于平辈或比较熟悉的朋友之间。小辈为了表示对长辈的尊敬,必须等长者先横筷后才可跟着这么做。总之,从使用筷子的细节可以看出一个人的教养,不知上述细节您在使用筷子的时候注意了吗?

盖碗：雅俗共赏茶文化

"我爷爷小的时候，常在这里玩耍，高高的前门，仿佛挨着我的家，一蓬衰草，几声蛐蛐儿叫，伴随他度过了那灰色的年华。吃一串冰糖葫芦就算过节，他一日那三餐，窝头咸菜就着一口大碗茶。"每听到这首歌曲，都会想起北京路边的大碗茶。盛夏时节，酷热难耐，行走在北京的街道，看到一个茶摊，就如同沙漠中见到了绿洲。咕咚咕咚喝上一碗，虽有牛饮之嫌，但酣畅淋漓，暑热顿消。但若论观茶汤之色，嗅茶叶之香，品香茗之味，赏茶具之美，还是盖碗茶为佳。盖碗可谓茶文化的重要组成部分，上自宫廷下至民间，都对盖碗情有独钟。至今故宫博物院还收藏有很多明清时期的盖碗。

我国大部分地区都有使用盖碗喝茶的习惯，无论是居家自饮抑或待客，还是到茶馆茶友雅谈，都离不开盖碗。四川人爱喝茶，更爱泡茶馆。三五知己茶馆小聚，听着川剧，喝着盖碗茶，摆龙门阵，舒适而惬意。从个人偏爱的角度讲，我更喜欢北京的茶馆。

北京的茶馆有历史的厚重感，清朝的八旗子弟、北洋的军阀政要、民国的高官巨贾，都是茶馆的常客。北京的老茶馆是近现代中国历史的缩影，喝茶的盖碗则是这段历史的见证。北京的茶馆文化气息更浓郁。老北京茶馆的茶客们，伴随着西皮二黄，喝一碗盖碗茶，听着鸟笼里的八哥鹦鹉的人语、怀里草虫的鸣声，聊着名人的字画、社会的奇闻逸事、历史的沧桑变迁，似乎盖碗里浸泡着的不是香茗，而是中国几千年的历史文化。

中国人对茶情有独钟，香茶须配美器，饮茶才有情趣。秦汉以前，人们更看重茶的药用价值，而不把它作为日常饮品，因此也就没有专门的茶具。随着饮茶之风日渐兴起，茶具才开始从日常的食器、酒器中分离出来，有了专门的茶碗。

真正意义上的茶具出现的确切年代尚难确定。唐代茶事大盛，陆羽《茶经》中列举茶具多达28种，法门寺地宫出土一套封存于873年的唐代宫廷茶具。此时，茶具已由陶器发展到瓷器；到宋代，五大名窑争奇斗艳，继唐代"南青北白"的格局之后出现了色彩缤纷的新格局；明清时期，茶具已与酒具彻底分开，并成为审美、收藏之物。

古人对于茶碗的产地、品质极为讲究。陆羽《茶经》中说："碗，越州上，鼎州次，婺州次，岳州次，寿州、洪州次。"用不同产地、不同质地、不同色泽的茶碗沏茶，效果也各不相同，陆羽说："越

盖碗

州瓷、岳瓷皆青,青则益茶,茶作白红之色。邢州瓷白,茶色红;寿州瓷黄,茶色紫;洪州瓷褐,茶色黑:悉不宜茶。"意思就是说青色的越州、岳州瓷比较适宜泡茶,茶碗的颜色与茶汤的颜色相辉映,能给人以美的视觉享受。

  唐代,出现了早期的盖碗。盖碗起源于四川,是古老的巴蜀文化的一项重要内容。关于盖碗的发明还有一则传闻:唐代大历年间,西川节度使崔宁爱好饮茶,其女也有同好,且聪颖异常。因茶盏注入茶汤后,饮茶时很烫手,殊感不便,其女便想出一法,取一木盘垫托在茶盏的下面。但刚要喝时,杯子却滑动倾倒,遂又想一法,用蜡在木盘中做成一茶盏底大小的圆环,用以固定茶盏,这样饮茶时,茶盏既不会倾倒,又不致烫手。这就是最早的茶船子。后来又让漆工做成了漆制品,称为"盏托"。此种一盏一托式的茶盏,既实用,又增添了茶盏的装饰效果,给人以庄重之感,遂流传至今。

到了明清,盖碗的形制逐渐定型,包括茶盖、茶碗、茶船子(即"茶托")三部分,又称"三炮台"。明清两代,北京是全国政治文化的中心,喝盖碗茶之风日趋流行,清代尤盛。八旗子弟享受着清王朝的铁杆庄稼,不稼不穑,有的是时间,更不缺茶钱,整日熬鹰遛鸟,玩葫芦,养草虫,泡茶馆。一碗茶、几碟茶食,三五知己,打发着悠闲的时光。用盖碗喝茶,是明清两代北京人的享受,也是北京人的讲究。在官场,还形成了"端茶送客"的惯例。那时,官宦人家待客必有盖碗茶,彼此交谈,不觉时光推移。此时,如果客人谈兴未减,或者话不投机,主人往往端起盖碗,示意仆人。仆人心领神会,高喊:"送客!"访客会比较知趣地离开,这叫"端茶送客"。

在中国,器物的形制往往反映了国人的哲学观、宇宙观,盖碗也不例外。盖碗,上配盖,下配茶托,被茶人们称为"三才碗"。所谓"三才"指的是天地人,语出《易·系辞下》:"《易》之为书也,广大悉备:有天道焉,有人道焉,有地道焉。兼三才而两之,故六;六者,非它也,三才之道也。"《三字经》中也说:"三才者,天地人。"这是中国人传统的宇宙观,认为人与天地自然休戚与共、和谐共存,而且人道可以与天道、地道会通,正所谓道法自然。一个小小的盖碗就是古人道法自然的结果,"盖"代表天,"碗(盏)"代表人,"托"代表地,"三才观"就这样在盖碗中得到了完美

第四章 生活器物哲理存

的体现。

任何器物的构造本质在于实用，盖碗道法自然的结果就是适合人的使用。茶碗上大下小，盖可入碗内，茶船作底承托。喝茶时不必揭盖，只需半张半合，茶叶既不入口，茶汤又可徐徐而出。鲁迅先生在《喝茶》一文中曾这样写道："喝好茶，是要用盖碗的，于是用盖碗。果然，泡了之后，色清而味甘，微香而小苦，确是好茶叶。"在众多的碗、盏、壶、杯之中，鲁迅先生为什么单单赞赏盖碗呢？凡深谙茶道的人都知道，品茗特别讲究"察色、嗅香、品味、观形"。以杯、壶泡茶，不利于察色、观形，亦不利于茶汤浓淡之调节。杯形茶具呈直桶状，茶泡在杯中嫩叶细芽全被滚烫的沸水焖熟了，何来品茗之雅趣，只可作"牛饮"；北方盛行的茶壶泡茶，茶温易冷却，香气易散失，不耐喝且失趣味。此外，茶泡久了，品质也会下降。无论从品茗鉴赏，还是从养生保健角度而论，用杯、壶泡茶的不足均显而易见。而使用盖碗则"察色、嗅香、品味、观形"四美兼具。使用盖碗喝茶还可以自行调节茶汤的浓淡。盖碗茶的茶盖放在碗内，若要茶汤浓些，可用茶盖在水面轻轻刮一刮，使整碗茶水上下翻转，轻刮则淡，重刮则浓，是其妙也。

盖碗的选择、使用也有一些小技巧。选盖碗，以碗沿比较外撇者为佳。这样器型的盖碗注水的最高限离盖碗边缘有一段比较大的距离，可以避免茶水烫手。另外，盖碗的使用还有一些"暗号"，根据盖碗摆放位置的不同，也蕴藏着一些特殊的意思：

一、茶盖上放点东西。这表示客人离开一小会儿，稍后会返回继续喝茶，暗示茶老板不要把盖碗收走。通常茶客会在碗盖上放片树叶，也可以在茶盖上放其他的小东西，类似火柴、小石子都是可以的。

二、茶盖朝下靠茶托。这表示客人需要添水了，茶馆小二看到后就会主动上来添加。这个方式很含蓄地请求小二添水，不过此方法一般只能添两次。

三、茶盖立起放在茶碗旁。这种放置方式比较有意思，通常都是熟人才会干，意思是要赊账。如果茶客有朋友在场，自己的钱没带够，这样可以暗示老板下次再补，就能避免尴尬。

四、茶盖朝外斜靠茶托。这个姿势有来头：古时候有很多帮会，若外地帮会之人遇到难处，欲在本地寻求帮助，便会如此摆放。茶馆小二看到此暗示，就会在茶馆寻找，介绍彼此认识。

五、茶盖朝上放进茶碗。这种放置意思简单明了，就是告知茶馆老板，自己喝完了要走了，可以安排收拾桌子了。

茶碗，作为饮茶器具，背后还蕴含着很多喝茶的礼仪规范，诸如持杯的手法、沏茶的方法、品茶的程序、喝茶的讲究等等，都需要我们去好好研究。

镜鉴：镜子能照妖吗

镜子，是再普通不过的日常生活用品了，但我们是否想过是谁发明了镜子？

在没有镜子之前，没有人认识自己的容貌。有一天，原始人类中的某一位忽然在水面看到了自己的倒影，他内心的激动可以想象。正因为这个偶然的发现，我们有了认识自己容貌的方式，人类就用盆盛水来随时观看自己的容颜，后来盛水的盆变成了更加考究的青铜器，这就是人类最早的镜子——鉴。"鉴"的甲骨文写作"𥅽"，左面的"𠤎"就是盛水的器皿，旁边的"𦣳"是一个以水为镜反观自己的人。《说文解字》中解释"鉴"为"大盆"，《尚书》《国语》《庄子》等先秦著作中，都提到过古人"鉴于水"。

随着合金技术的出现，开始了使用铜和锡或银铅等制作铜镜的历史。甘肃省广河县齐家文化遗址出土了一面距今已有4000多年的铜镜，应是目前考古资料中所知最早的一面铜镜。春秋战国时期，青铜镜大量使用，铸镜的工艺已经十分高超。铜镜的背面都有精美的装饰图案，而且已经能够熟练运用浅浮雕、高浮雕、镂空雕等技艺。随着冶炼技术的发展，铜镜的形制逐渐繁复，形态更加美观，图案日趋精美。到了汉代，青铜镜应用日趋广泛，图案花纹也不断丰富，最具代表性的就是连续云藻纹，此外诸如重复齿状纹、水波云纹、连续云中乌鹊夔凤纹都极为常见。唐代物质文化的极大发展影响着铜镜纹饰、形制的变化，唐镜的纹饰图案健康活泼，形制也更加丰富，大型镜子直径超过一尺二寸，小的仅有一般银币大小，而且开始出现有柄的手镜。铜镜的历史延续了2000余年，直到明代末期，开始有以玻璃为镜子的。《红楼梦》中刘姥姥进大观园见到贾府的全身玻璃大镜时吃惊的样子，说明了那时玻璃镜子在民间还是稀罕物。在考古发掘中，发现了大量的铜镜，很多铜镜在地下埋藏2000余年，镜面依然黑亮如漆，光可照人。据《淮南子》记载，这是采用了"玄锡"作反光涂料，再以细毛呢反复擦拭的结果。经科学分析，"玄锡"是一种水银混合剂，由此可以推断，我国在战国时期就已经掌握了烧炼水银的技术。

　　玻璃是舶来品，中国的玻璃制镜技术起步甚晚。20世纪90年代以前，在北京昌平西环路上有一个七一制镜厂，一度非常辉煌。这个厂子生产的北京牌磨花镜子是当时的知名品牌。那时候，很多家庭的大衣柜上都会有一面穿衣镜，大多是这个厂子生产的。

第四章 生活器物哲理存

铜镜

除了大衣镜以外,家家户户的房间内大多会挂一面镜子,而这个镜子上往往会有各种花鸟图案、吉祥话,甚至会有革命口号。这些镜子大多是七一制镜厂的产品。

镜子自出现之日起,就不单纯是一件生活器具,中国人赋予它非常丰富的文化内涵。

在汉代,已有以镜子作为男女爱情信物的习惯,生前相互赠送,作为纪念,死后埋入墓穴,镜子的背面还刻上"见日之光长毋相忘"8字铭文作为誓言。西汉东方朔《神异经》记有"昔有夫妇相别,破镜各执其半,后其妻与人通,镜化为鹊,飞至夫前。后人铸镜,背有鹊形,自此始。"唐孟棨《本事诗·情感》记载了南陈后主陈叔宝之妹乐昌公主与丈夫徐德言破镜重圆的故事。隋灭南陈之际,乐昌公主与丈夫为了在离乱之后便于找寻,把铜镜各分一半,执作信物。后乐昌公主被俘,隋文帝将其赏赐给越国公杨素,之后夫妻二人凭借半面铜镜得以重逢,杨素也成人之美,使他们夫妻二人团聚。后世遂用"乐昌分镜""明镜乐昌分""乐昌明镜分""破镜之忧""破镜分离""两分青镜""分镜""半镜""乐昌之镜""陈宫镜"等比喻夫妻失散或分离,以"破镜重圆""金镜重圆""破镜重合""览镜归妻"等比喻夫妻离散后重又团聚。

镜子还被佛家赋予了禅意。禅宗五祖弘恩为选拔接班人而命众弟子作偈语以考察修为,神秀作偈语曰:"身是菩提树,心如明镜台;时时勤拂拭,勿使惹尘埃?"慧能偈语曰:"菩提本无树,明镜亦非台。本来无一物,何处惹尘埃。"神秀把人心比作明镜,认为只有经常拂拭才能保持内心的澄明,而慧能则认为如明镜一般的内心,本来就是澄明、清澈的,又何必去经常拂拭,"勤拂拭"就是心有杂念,就没有做到心如明镜。显然慧能的修为更高于神秀。五祖看到两个偈语后,最终确定慧能为禅宗六祖。这位六祖慧能俗家姓卢,世居范阳。

在教育家的眼里,镜子能警醒师生保持良好的精神面貌。周恩来总理的母校天津市南开学校(今南开中学)在重要通道处都设有大镜子,提醒过往的师生随时注意仪容仪表。镜子上写有南开学校创始人张伯苓订立的四十字箴言:"面必净,发必理,衣必整,纽必结。头容正,肩容平,胸容宽,背容直。气象:勿傲、勿暴、

第四章 生活器物哲理存

勿怠。颜色：宜和、宜静、宜庄。"

在文学家的眼里，镜子是寄托情思的文学意象。"君不见，高堂明镜悲白发，朝如青丝暮成雪"是李白对人生短暂、怀才不遇的慨叹；"可怜楼上月徘徊，应照离人妆镜台"是思妇对良人的思念；"湖光秋月两相和，潭面无风镜未磨"是水波潋滟湖光山色的美好。

在神话小说中，镜子是摄人魂魄、降妖除魔的"照妖镜"。隋末作家王度的传奇小说《古镜记》叙述了一面宝镜驱恶降魔的12个神奇故事。小说主人公自述曾得一面宝镜，可以降妖除魔，后其弟王绩借这面宝镜外出，一路上又铲除了许多妖怪。王绩回到长安后，将古镜奉还。大业十三年，宝镜在匣中发出悲鸣之声，然后离奇失踪。

镜子的"神力"不仅出现在文学作品中，还真实地存在于现实生活中。天津地区流传着几句谚语和镜子有关。比如"镜子对炕，儿女不旺""镜子对着床，日日求医忙"，在科学不昌明的时代，民间认为照镜子会吸摄人的魂魄，对人的身体不利；从科学常识的角度来说，夜晚人在睡梦中起床，处于朦胧状态，看到镜子里的人影容易受到惊吓，影响人的身体健康。过去，天津还有一种民间信俗，认为门对门，是民居布局的禁忌。因此，在盖房的时候，都会尽量避免门对门。如果已经形成事实，为了破解，会在自己家门框的上面钉一面小镜子，谓之"照妖镜"，但是这会引起对门儿的不满，对门儿往往会在自家的门框上挂一面更大的镜子，这往往引发了两家之间的矛盾。

时代在不断发展，镜子的功能逐渐趋于简单而实际：照容颜，正衣冠。这反映了人类对美的追求千古如斯。

第四章 生活器物哲理存

锁：封缄之器

锁，是起到封闭作用的保护性器具。《辞海》对锁的首条释义曰："用钥匙方能开脱的封缄器。"中国的锁具从诞生至今已有约5000年的历史。从功能上分，日常生活中常见的锁主要有普通锁具和首饰锁两类。起实际封闭作用的普通锁具各地大体相同，而首饰锁因地域文化差异会有所不同，京畿地区给小孩戴长命锁的习俗则颇为有趣。

锁几乎遍布于社会的各个领域。《礼记·月令》载："坏城郭，戒门闾，修键闭，慎管龠。"锁具用处大可以锁住国门、城门，小可以锁住库门、家门乃至箱笼、抽屉等。可以说，上自国家下至家庭，锁都是必需的用品。远古时期，由于生产力的提高，人们有了私有财产，开始有了保护私有财产的客观需求和主观意识，锁具也就应运而生。最先出现的大约是绳结锁，就是用绳子把门牢牢地绑上，再打一个特殊的绳结，以此起到防盗的作用。在仰韶文化遗址中，我们已发现木锁，这大约是最古老的锁具，构造比较简单。相传，木锁经过鲁班的改进，装上了机关，防盗作用得到加强，成为真正意义上的锁具。西周时期开始出现青铜锁，东汉已普遍生产、使用金属锁，直到20世纪50年代，中国古锁退出历史舞台，代之以现代的金属锁。随着科技的发展，现在又出现了用光、电、磁、声及指纹等指令开启的新型锁具，甚至使用人脸识别来解锁。

　　随着人类财富的不断丰富，人们对锁具防盗功能的要求也越来越高，简单的机关已不能满足人类的需求，于是，汉代在两簧锁的基础上出现了三簧锁，这是一种内有三片簧片的锁，较一般的两簧锁牢固。《古今小说·宋四公大闹禁魂张》："（宋四公）便走到土库门前，见一具肐膊来大三簧锁，锁着土库门。"三簧锁的出现是中国锁具发展史上的一次质的飞跃，其保密性和安全性得到了加强。三簧锁作为我国传统锁具的主要种类一直沿用到20世纪50年代。除了三簧锁，能工巧匠们还设计出形形色色的特殊锁具。比如清代的二开锁和四开锁。二开锁，有两个钥匙孔，需要用两把钥匙，分上下两次开启；四开锁就是要启动四项"机关"才能打开的锁。这四项机关分别是：第一步，左移锁左端的"活"镝（dí，指箭头，亦指箭）子；第二步，向左移动锁梁；第三步，打开右端"暗门"，钥匙孔显现；第四步，用钥匙开启。此外还有挡钥锁、四钥升降锁等。这些特殊锁具设计机巧，机关严密，保险性高，

锁

无不体现了工匠们的奇思妙想、高超智慧。

首饰锁,俗称"长命锁""配饰锁""百家保锁"。其形状如元宝或者如意,锁体两面镂刻醒目文字或图案,表达人们对美好生活的期盼。正面的图案以麒麟送子最为常见,背面的文字多是"长命百岁""长命富贵""福寿万年""玉堂富贵"等吉祥祝语。材质有金、银、铜、铁、木、石、玉、骨等。

在天津,长命锁多是姥姥在外孙周岁或百岁儿(100天)时买来给孩子佩戴,取其"锁住"的寓意,保佑孩子无病无灾、长命百岁,其质地以银为主。李时珍《本草纲目》中记载:银有"安五脏、安心神、止惊悸、除邪气"等作用。可见佩戴银质的长命锁,对身体的调养作用确实是存在的。富贵人家也有佩戴黄金长命锁的,《红楼梦》中薛宝钗便佩戴金锁,其上写着"不离不弃,芳龄永继",与贾宝玉通灵宝玉上的文字"莫失莫忘,仙寿恒昌"正好相配。

民国时期徐珂《清稗类钞》中记载:首饰锁中一种"项圈锁"很有特色:"嘉庆时,扬州玉肆有项圈锁一:式作海棠四瓣,当项一瓣,弯长七寸,瓣稍各镶猫睛宝石一,掩钩搭可脱卸。当胸一瓣,弯长六寸,瓣梢各镶红宝石一粒,掩机钮可叠。左右两瓣各长五寸,皆錾金为榆梅。俯仰以衔东珠,两花蒂相接之处,间以鼓钉金环。东珠凡三十六粒,每粒重七分,各为一节,节节可转。为白玉环者九,环上属圈,下属锁,锁横径四寸,式似海棠,翡地周翠,刻翠为水藻,刻翡为捧洗美人妆。其背镌乾隆戊申造赏第三妾院侍姬第四司盥十六字。锁下垂东珠九鎏,鎏各九珠,蓝宝石为坠脚,长可当脐。"

首饰锁中还有一种"寄名锁"。过去孩子出生以后,父母担心其夭亡,便请子女多的人做孩子的干爹、干妈,以求庇护,民间称为"寄名"。寄名以后,便给孩子戴上锁形饰物,这就是寄名锁。这种寄名戴锁的习俗,在旧时的天津也极为盛行。缺少子嗣的人家,生下男孩以后,担心其夭亡,带着孩子到庙宇认僧道为师父。师父会给孩子戴上丝辫缀罗汉钱的锁,这就是寄名戴锁。传说,这样可保孩子无病无灾。孩子的家长每年都要给师父送香火钱,师父也会给孩子一些供尖。其中有些虔诚的家长还会给孩子穿上僧道的短袄。锁的丝线如果旧了或断了,就要到庙里更换新的,这也要给寺庙香火钱。到了孩子本命年生日的时候，家长要带着孩子到庙中叩拜神佛，然后拜谢师父。拜谢师父以后，孩子要立刻转身向山门外跑，中途要迈过一条事先准备好的木凳，这中间切不可回头观看，直到跑出庙门才可停下。迈过那个木凳就象征着跳过了庙墙，意味着孩子还俗了，此谓之跳墙。跳墙之后，家长要给寺庙一笔丰厚的布施。

还有一种日常生活中不太常见的锁，那就是刑具锁。刑具锁是惩罚性的特种锁具。古代的刑具锁主要是木制枷锁，现在则为金属制作的手铐、脚镣等。在戏曲舞台上刑犯披枷戴锁，其形制是在真实的刑具锁的基础上加以夸张美化的，是表演用的道具。

中国的锁具历史悠久，它不仅是一种防护用具，更是华夏文明的历史见证。它的制作工艺涉及了木工工艺、冶炼铸造、锻打冷作、美术书画、铜木雕刻以及动力、物理、几何等多门学科，是我国优秀文化以及能工巧匠奇思妙想的缩影。

五

休闲玩物多雅趣

元明清三个大一统的王朝均定都于北京，使原本是边塞苦寒之地的京津冀地区得到了一定的发展。天潢贵胄、士大夫阶层、富商巨贾云集北京及畿辅地区。京津冀经济繁荣、文化土壤适宜，从宫廷到民间，收藏、把玩文玩器物成风。玉器、瓷器、核桃、葫芦乃至各种民间文娱器物得到了空前发展。

第五章 休闲玩物多雅趣

风筝：古代的飞行器

中国是风筝的故乡。英国科学史家李约瑟在《中国科学技术史》一书中罗列了从1世纪到18世纪，中国先后传到欧洲和其他地区的26项发明，其中第13项就是风筝。

风筝，亦称"纸鸢""鹞子"。《韩非子·外储说左上》记载，"墨子为木鸢，三年而成，蜚（飞）一日而败"。后来，公输般（鲁班）加以改进，把竹子劈开削光滑，用火烤弯曲，做成喜鹊的样子，在空中飞翔达三天之久。唐代余知古《渚宫旧事》记载鲁班"尝为木鸢，乘之以窥宋城"。随着造纸业的发展，人们开始用纸糊制风筝，并逐渐普及。

风筝这个名称始见于五代。明代陈沂《询刍录·风筝》曰："五代李邺于宫中做纸鸢，引线乘风为戏，后于鸢首，以竹为笛，使风入竹，声如筝鸣，俗呼'风筝'。"由此可见，风筝与以前纸鸢的区别是能否发声，能发声的被称为"风筝"，不能发声的则仍用旧名。到了明代，"纸鹞""纸鸢"与"风筝"混为一谈。

后来，"风筝"渐成通名。

　　风筝真正作为娱乐工具始于唐代。当时，社会安定、经济繁荣，人们的娱乐活动日益发展，用于军事上的纸鸢逐渐向民间娱乐型转化。在唐代清明时节，朝野盛行禁火、扫墓、踏青、荡秋千、蹴鞠、打马球、放纸鸢、插柳条等风俗。唐代唐荣《纸鸢赋》曰："代有游童，乐事末工。饰素纸以成鸟，像飞鸢之戾空；翻兮将度振沙之鹭，杳兮空光渐陆之鸿，抑之则有限，纵之则无穷，动息乎丝纶之际，行藏乎掌挥之中……"

　　宋代李石《续博物志》中有"放风筝，张口仰视，可以泄热"之说。《红楼梦》中林黛玉放风筝，李纨就说："放风筝图的是这一乐，所以又说放晦气，你更该多放些，把你这病根儿都带了去就好了。"从医疗保健的角度看，人体随着放飞的风筝而不停地移动，不仅可以活动四肢百骸，还能加速新陈代谢，改善血液循环，达到祛病健身之功效。此外，放风筝时，双眼面对蓝天，飞行的风筝千姿百态，可以消除眼肌疲劳，调节和改善视力，预防近视和弱视。

　　明清时期，风筝的制作工艺达到一个高峰。风筝的大小、样式、扎制技术、装饰、放飞技艺都比从前有了很大的进步。明代徐渭晚年时画了许多风筝画，并题了许多风筝画诗，据后人统计有30多首。清代曹雪芹撰《南鹞北鸢考工志》，对风筝扎、糊、绘、放的一般理论以及彩绘风筝图谱多有论述，并收录了关于扎、

第五章 休闲玩物多雅趣

绘风筝的歌诀等。

此时，放风筝是人们春日普遍的娱乐活动。清代高鼎《村居》诗云："草长莺飞二月天，拂堤杨柳醉春烟。儿童散学归来早，忙趁东风放纸鸢。"在京津两地，放风筝更为普及。《帝京岁时纪胜》记载曰："清明扫墓，倾城男女，纷出四郊，提酌挈盒，轮毂相望。各携纸鸢线轴，祭扫毕，即于坟前施放较胜。"《燕京岁时记》中也说："儿童玩好亦有关于时令。京师十月以后，则有风筝、毽儿等物。风筝即纸鸢，缚竹为骨，以纸糊之，制成仙鹤、孔雀、沙雁、飞虎之类，绘画极工。儿童放之空中，最能清目。有带风琴锣鼓者，更抑扬可听，故谓之风筝也。"《红楼梦》中多有关于风筝的细节。仅探春一人就与风筝多次发生关联。她的判词和风筝有关："才自精明志自高，生于末世运偏消。清明涕泣江边望，千里东风一梦遥。"判词前"画着两人放风筝，一片大海，一只大船，船中有一女子掩面涕泣之状"，象征探春远嫁，如同断了线的风筝。在第七十回中还有宝玉、黛玉、宝钗、探春、李纨等人放风筝的描写，其中一处写道："众人方要往下收线，那一家也要收线，正不开交，又见一个门扇大的玲珑喜字带响鞭，在半天如钟鸣一般，也逼近来。众人笑道：'这一个也来绞了。且别收，让他三个绞在一处倒有趣呢。'说着，那喜字果然与这两个凤凰绞在一处。三下齐收乱顿，谁知线都断了，那三个风筝飘飘摇摇都去了。"这段描写，又一次暗示了探春的远嫁。

天津地区每逢春季，空旷处总有三五成群放风筝的成人和儿童。空中，纸鸢飞舞，竞相高低。风筝的种类繁多，仙鹤、飞燕、蜻蜓、蜈蚣，不一而足，有的大型风筝甚至长达数米，随风飞舞，甚为壮观。放飞者手执风筝车子牵引。车子有竹制和木制两种，一般呈四柱状，大型风筝的车子为二柱形。富家子弟的风筝尤为精美，车子的质地、做工也比较考究，材质多为花梨木。大型风筝，往往能在空中飘游数小时之久。放飞者把二柱车子平放于地上，以砖石等重物压住，自己则在一旁观看风筝飞舞姿态，需要时才去牵动引线，以做调整。若有断线者，也不去寻找，任其飘飞，据说这样可以祛病除灾，别人也绝不拾取。

杨柳青年画中有很多是表现放风筝的。《春风得意》描绘的是：阳光下，皑皑白雪上有几行错落的脚印，几个顽皮的孩子在放风筝，飞舞的风筝在天空翱翔，一派春风和煦的景象。另一同名画作则描绘了大户人家的少妇在庭院中看孩子放风筝。大红的"囍"字风筝在蓝天白云间散发着喜气。画面的正上方，还有一首题诗："夕阳春暮画阁中，凤翥鸾翔借好风。莫道儿童嬉戏意，青云有路总能通。"《十美图放风筝》则描绘了10个美女放串灯、盘鹰、唐僧取经、蝴蝶等10种风筝的情景，美女们穿着时尚，容貌俏丽，表情各异，美女、风筝、庭院、草地、蓝天、白云浑然一体。

王毓宝老师的天津时调名曲《放风筝》唱曰：

春风啊一刮过呀了冬，姐妹三人哪放风筝，风筝举起绳儿一松，哎嗨嗨，顺风飘在呀半悬空。大姐儿呀放的大花篮儿，花篮儿样子好做得精，五彩的穗子还配着那响铃，花篮儿里头的花是满满腾腾，梨花儿碧桃一枝红杏，芍药哪牡丹海棠石榴红，雪白的玉针棒儿湛绿得万年青，荷花金橘呀还有芙蓉，花花朵朵万紫千红，哎嗨嗨！三妹她叫了一声好，差一点儿跑了风筝。三姐儿啊急忙松了一松绳，三姐儿放的是小蜻蜓，摇摇摆摆往上升，软翅膀儿活眼睛，翘着后腿儿步儿弓，风儿一吹它尾巴一动啊，蜻蜓点水上下飞腾，叫声大姐呀，快看我的蜻蜓，蜻蜓虽小够多么样儿的呀玲珑，

哎嗨嗨，你们谁也比不上我的这个风筝。二姐儿呀放的是个锣鼓燕儿，听见三妹夸她的小蜻蜓，不由得二姐就说了一声，我的小燕儿能吃你的蜻蜓，三姐儿听此言那，她的心里不高兴，我的蜻蜓比你的小燕儿能，二姐一笑她刚要把风筝绞，

猛听得大姐儿连连地喊说起了狂风，当时间吹得蜻蜓往花篮儿里奔，只吹得小燕儿啊直奔小蜻蜓，花篮上的铃铛响，唏哩哩哩哗楞楞楞楞，锣鼓演的锣鼓啊叮叮咚咚，见蜻蜓的金翅就刮入了云中，哎嗨嗨，狂风过去天朗气清姐妹们欢乐面带着春风。

风筝

中国风筝的制作工艺领先于世界，潍坊、开封、北京、南通、阳江、天津并称中国六大传统风筝产地。

明清时期，北京风筝的代表作是沙燕风筝（或称"扎雁儿""沙雁儿"）。沙燕风筝形如展翅高飞的燕子，风筝匠人还在沙燕的膀窝、腰节和前胸、尾羽等处勾绘出彩色蝙蝠、桃子、牡丹等吉祥图案，以寓意幸福、长寿和富贵等。

天津有"董、朱、王"三氏风筝、"帘子李"风筝、"张氏"风筝、"风筝魏"风筝。尤以魏元泰扎制的风筝独具特色，人称"风筝魏"，与泥人张、杨柳青年画、天津地毯并称为"天津四艺"。魏氏风筝在着色上富于民族特色，吸收了古建筑彩绘使用的退晕法，在高空放飞色彩突出。魏元泰有一个绝活叫蒲绷，就是拿蒲草做成弓弦，搁在风筝上发出声响，可惜的是这个绝技没能流传下来。

据说，慈禧太后曾派太监来津订制过魏氏风筝；民国大总统黎元洪亲自买过魏家风筝；末代皇帝溥仪居住天津张园时，也曾派人买过魏记风筝。1915年，魏氏风筝被送至在美国举行的巴拿马万国博览会，并荣获银奖。天津的风筝以软翅风筝为特色，适合制作禽鸟或者昆虫，如鹰、蝴蝶、燕子、仙鹤、凤凰、蜻蜓等等；还可以用很多小的软翅排列在一起，组成一个大风筝。例如用很多蝴蝶围绕花丛而组成"百花齐放"，用很多鸟围绕凤凰组成"百鸟朝凤"等。如今，风筝魏已传至第四代，风筝品种已达1000多种。飞机的发明者莱特兄弟的后代曾来到天津与风筝魏传人交流。据他讲，莱特兄弟藏有一只风筝魏的风筝。

泥塑：精美的彩塑泥玩

泥塑，又称"彩塑"或"泥玩"，是一种用黏土塑制成各种形象的古老民间手工艺术。泥塑肇始于新石器时代，在我国至少已有3000年的历史。2006年5月20日入选第一批国家级非物质文化遗产名录。

明清时期，小型泥塑艺术品得到进一步发展。泥塑匠人塑造了大量的小型泥塑作品，既可用于家庭陈设，也可供孩子玩耍，其中著名的产地有无锡惠山、陕西凤翔、河北白沟、山东高密、河南浚县、淮阳以及北京。至清晚期，泥塑形成南北两个著名流派：南方的无锡"惠山泥人"、北方的天津"泥人张"。

泥人张的创始人是张长林（字明山），至今已有100余年的历史。1915年，张明山创作的"编织女工"彩塑作品获得巴拿马万国博览会一等奖，其子张玉亭的作品获得巴拿马万国博览会荣誉奖。泥人张经张玉亭、张景福、张景祜、张铭、张乃英等传承，现已传至第六代传人张宇手中。

第五章 休闲玩物多雅趣

泥人张的创始人及其门徒有把手藏在袖子里捏泥人的绝技。张明山18岁那年，去戏园子里看戏。著名京剧演员余三胜在台上演戏，张明山坐在台下一边看戏，一边藏泥于袖内，手在袖筒里暗暗地捏着，一出戏刚刚唱完，他手里的泥人也已经捏完，表情姿态酷似台上表演的余三胜，被人称为"活余三胜"。张明山从此成名，遂得"泥人张"的美誉。有一回京剧名丑刘赶三在天津演出，开场锣响过，刘赶三出场，刚到台口，正要亮相，他往下一看，猛然一愣，做了个鬼脸就跑回后台。观众正莫名其妙的时候，刘赶三上台作揖说："各位，我为什么不敢出场？泥人张坐在第一排呢，他袖筒里藏着泥，我怕他把我这个丑样子给捏上。"从这个故事中，我们可以看出刘赶三作为京剧名丑以现挂方式增强舞台表演效果的能力，也说明张明山袖里捏像的手艺名不虚传。

徐悲鸿久慕张明山"袖中捏像"的绝技，请张伯苓带他一睹泥人张的作品。张伯苓带他来到严范孙家，让他看张明山为严范孙父亲和伯父捏的塑像。徐悲鸿为栩栩如生的塑像所折服，又专门到泥人张的店铺参观，还选购了张明山之子张玉亭的几件作品，欣然离津。徐悲鸿为此专门写了《过津购泥人记》，在评价所买的张玉亭作品时，说道："此二卖糕者与一卖糖者，信乎写实主义之杰作也。其观察之精到，与其做法之敏妙，足以颉颃今日世界最大塑师俄国脱鲁悖斯可矣（Trubaskoi）亲王。"

张明山作品《严振肖像》　　张宇作品《紫气东来》

　　据1942年出版的《古玩指南》续编记载，20世纪20年代前，在北京前门外的劝业场二楼有一泥人摊贩，条案上陈列有许多国家的伟人塑像。有人选购时，摊主将手藏在衣袖里悄悄捏制着顾客的形象，一会儿的工夫一个活灵活现的顾客本人就捏好了。顾客观之无不称赞。这时，摊主出口开价，顾客如果嫌贵还价，摊主也不反驳，当即将手中的泥人捏毁。顾客觉着可惜，表示愿出原价购买，摊主就重新捏制，瞬间完成。摊主自称天津泥人张之徒孙。

　　20世纪，在蓟北雄关的盘山脚下，出现了盘山彩塑。盘山彩塑以陶土工艺品为主，兼有少量木雕、石雕作品。中央美术学院院长侯一民认为，蓟州区泥塑继承了泥人张塑工精细、整体性强

第五章 休闲玩物多雅趣

的特点,具有不怕风吹、日晒、雨淋的长处。盘山彩塑的创始人于庆成从小迷恋泥塑。1966年在生产队里,他也是一把泥土不离手,抟土在袖,出手成物,时人称奇,但也有人讥讽他不务正业。不管别人如何议论,他对泥塑的热爱与坚持始终如一。在出海河工的时候,他常常在被窝里捏出河工的众生相。1982年,中央新闻电影制片厂摄制了题为《盘山农民的爱好》的纪录片,同年他被吸收为中国美术家协会天津分会会员。20世纪90年代,他的第一个泥塑展览馆在玉石庄石趣园落成,《长江黄河》《一条大河》等代表作品深得张汀、钱邵武等大家的认可,著名作曲家乔羽为玉石庄创作了村歌。1996年,于庆成被联合国教科文组织命名为"民间工艺美术大师"。此后,他的作品被收入中小学美术教材。如今他的泥塑更是驰名海外。

河北省的玉田泥塑也颇具特色。玉田泥塑形成于清代光绪年间,距今已有百余年的历史。2008年,玉田泥塑被列入第二批国家级非物质文化遗产名录。玉田泥塑以其独特的风格在中国民间泥塑领域占据了一席之地,是燕赵地域文化和民间泥塑史研究的重要对象。玉田泥塑以泥玩具为主,以泥人见长,种类繁多,内容丰富,涉及历史人物、神话故事、田园动物等。艺术风格以线条简拙、造型夸张、体态妖娆、色彩粗犷为特色。代表作品有:取材于历史人物的《秦琼》《尉迟敬德》等,取材于神话故事的《孙悟空》

《杨二郎》等，取材于动物的《花猫》《黑驴》《大公鸡》等。

泥塑也和其他的器物一样，对我们的语言产生了深刻的影响，丰富了汉语的语言运用，形成了大量以泥塑为喻体的俗谚。"泥人也有个土性"，比喻人都有各自的性格。老舍《骆驼祥子》中写道："卖力气挣钱，不是奴才；你有你的臭钱，我泥人也有个土性儿；老太太有个伺候不着！""泥菩萨过江，自身难保"，比喻连自己都保护不了，更顾不上帮助别人。丁玲《太阳照在桑干河上》中写道："哥哥说：'泥菩萨过江，自身难保，送回去也好。'"

中国人是多信仰的，且带有功利色彩。人们对于泥塑神像的祭拜往往也带有明确的目的性，于是产生了"信则有，不信则无"的心理，出现了大量与泥塑有关的破惑（破除迷信）俗谚，如"活人拜泥胎，不傻也痴呆""敬神如神在，不敬它是土块""泥菩萨也要人抬"等。

空竹：难觅踪迹的儿时玩具

春天的早晨，微风拂面。在海河岸边或悠长的小巷，可以看到翻飞的空竹，那嗡嗡的声响令人陶醉。"鹞子翻身""飞燕入云""扔高"，抖空竹的高手们八仙过海各显其能。抖空竹在早年间非常盛行，是老少咸宜的娱乐活动。如今高楼林立，难觅空竹的身影，不禁让人时时怀念那悠扬的空竹之声。

空竹，亦称"扯铃""响葫芦""空钟""响簧"等，是我国民间传统的玩具。有学者认为，空竹源自陀螺。在新石器时代的河姆渡文化遗址和常州圩墩遗址中，就出土了木陀螺；山西夏县西阴村遗址中出土了陶陀螺。陀螺与空竹虽有相似之处，但终究属于两种不同的器物，古人如何将在地上鞭打的陀螺变为双手用绳子抖动的空竹，难以考证。因此，陀螺即空竹的前身之说恐难成立，但如果说发明空竹者受到了陀螺的启发，大约是可以的。

传说，三国时期曹植就曾作过一首《空竹赋》，但没有实证，如此说成立，空竹至少有1700余年的历史。也有人说抖空竹始自宋代，南宋吴自牧在《梦粱录·百戏伎艺》中记载："且杂手艺，即使艺也，如踢瓶、弄碗、踢缸、踢钟……弄斗、打硬……此艺施呈，委是奇特，藏去之术，则手法疾而已。"其中的"弄斗"即抖空竹。《水浒传》第九十回中写道："宋江、卢俊义两个，在马上欢喜，并马而行。出得城来，只见街市上一个汉子，手里拿着一件东西，两条巧棒，中穿小索，以手牵动，那物便响。宋江见了，却不识的。使军士唤那汉子问道：'此是何物？'那汉子答道：'此是胡敲也。用手牵动，自然有声。'宋江乃作诗一首：'一声低了一声高，嘹亮声音透碧霄。空有许多雄气力，无人提处谩徒劳。'"从那个汉子牵动胡敲的手法以及宋江诗中对胡敲声音的描述，可以推断"胡敲"即空竹。南宋《西湖老人繁胜录·瓦市》中有"宽阔处踢毽、放胡哨、斗鹌鹑"的记载。"胡哨""胡敲"音相近，当指同一器具。

明代，"空钟"即空竹。刘侗、于奕《帝京景物略·春场》中收录童谣云："杨柳儿活，抽陀螺。杨柳儿青，放空钟。"书中还记载了空钟的制作方法及玩法："空钟者，刳木中空，旁口，荡以沥青，卓地如仰钟，而柄其上之平。别一绳绕其柄，别一竹尺有孔，度其绳而抵格空钟，绳勒右却，竹勒左却。一勒，空钟轰而疾转，大者声钟，小亦蛞蜣飞声，一钟声歇时乃已。制径寸至八九寸。其放之，一人至三人。"这里所讲的"空钟"，应是因其外形似钟而得名；今之"空竹"应该是因其轮内空心内有竹笛而得名。

空竹的形制主要有两种：单轮和双轮。此外还有双轴空竹、双轮多层空竹和异型空竹等。空竹以竹或木制成，双轮的空竹两头为两个圆轮，轮中空，轮周挖有四五个小孔，孔内放置竹笛，两轮间有轴相连，形如腰鼓；单轮的空竹仅一侧有轮，形如陀螺。

抖空竹，人的上肢要提、拉、盘、抖，下肢要跳、绕、落、蹬，腰部要扭、随，头部要俯仰、转动，眼睛要注视、追看，是一种手眼身法步协调配合的体育运动，对锻炼人四肢的协调性、灵敏度极有益处。抖空竹对于技法要求极高，从手法动作上看，有揉抖、抖身、叠掌、倒抖、扔抖、单指旋转、双指旋转等。从招式花样上看，有"鹞子翻身""飞燕入云""响鸽铃""攀十字架""张飞骗马""猴爬竿""扔高"等，尤其是"扔高"，抖空竹的高手能将空竹抛向空中达数丈，待其下落时再以抖线承接，准确无误，堪称一绝。

北京俗称抖空竹为"抽绳转"。从上文所引资料中可知抖空竹尤其流行于京津两地，北京抖空竹之鼎盛。直至民国时期，抖空竹都是北京市民生活中的一景，更是北京胡同文化的重要组成部分。当年，北京广安门内下斜街的土地庙，每月逢初三、十三、二十三日庙会开市，特别是春节和二月二龙抬头时，都有售卖空竹和表演抖空竹的。广安门内地区历史上就有许多以"抖空竹"

为重要游艺活动的居民，其中不乏世家传人，如北京竹木空竹的制作者、人称"空竹张"的张家，其空竹制作经历了三代人的传承与发展。如今，空竹张第三代传人是张国良。2004年春节期间，张国良受邀参加了北京市政府在人民大会堂举行的联欢会，并且表演了抖空竹。2006年，空竹张的空竹制作工艺成为国家级非物质文化遗产，张国良被国务院批准为首批"国家级非物质文化遗产空竹制作传承人"。2008年北京奥运会，张国良制作的空竹纪念品作为"北京礼物"送给了外国友人。2009年，在张国良和相关部门的共同努力下，在广安门内创建了全国首家"非物质文化遗产专项空竹博物馆"。

天津人把空竹叫"闷壶卢""风葫芦"，屈文台的"刘海风葫芦"驰名海内外，曾获巴拿马万国博览会铜奖，距今已有100余年的历史，与风筝魏的风筝、泥人张的泥人都是天津民艺的代表。作为"刘海风葫芦"的创始人，屈文台从13岁起就喜欢玩风葫芦，抖的手法多种多样，技巧非常熟练，令人艳羡。由于他熟知风葫芦的性能，慢慢就学会了制作风葫芦，进而扩大生产，成批售卖，常不断来天津市区赶庙会卖风葫芦。民国初期，屈文台从武清县（今武清区）移居天津市区，在天后宫外张仙阁旁开设了"修竹斋"，从此以制售风葫芦为业。屈文台创制的风葫芦，用我国民间传说的"刘海戏金蟾"的图像做商标，故名"刘海风葫芦"。刘海风

单轮空竹　　　　　双轮空竹

葫芦选材精良,以滑润的檀木为轴,风轮外围有刻槽,并用苎麻缠绑,做工精细,坚固耐摔。它的"声眼"位置安排合理准确,竹哨深浅适度,声音响亮。双轴的有6—38响,单轴的有3—28响,响越多,声音就越高昂动听。据老人讲,卖货的时候,屈文台亲自解说并做示范,教授各种抖法,因而深受顾客欢迎。2007年5月,天津举办首届"空竹联谊会"。"刘海风葫芦"第四代传人屈彦晖展示了一对具有百年历史的屈文台精心制作的巨大空竹。这两只风葫芦高55厘米,直径35厘米,中间的铜轴直径达4厘米,重达10千克,原是修竹斋老店作招牌用的。在联谊会上,屈彦晖和他的同伴当场抖起这两个巨大空竹。嗡嗡的哨响震撼了全场所有的观众,掌声如雷,场面热烈。

抖空竹,不仅是民间的游戏和体育运动,还被杂技演员搬上了杂技舞台。文史家刘炎臣先生说,在20世纪20年代,杂技艺人王雨田和他的两个女儿王桂英、王葵英，把刘海风葫芦搬上杂耍舞台，表演"向上空掷接""相互传递""绕绳扣""大转身""翻筋斗"等抖空竹绝技，深受观众赞赏。他们父女使用的彩色风葫芦，就是屈文台精心特制的。吴桥县杂技团添设的抖风葫芦节目，也是屈文台提供的刘海风葫芦。

　　天津人不仅创制了驰名中外的"刘海风葫芦"，还把抖空竹这项杂技艺术推向了国外。清代光绪年间，天津的民间艺人刘锦堂创编了"鹞子翻身""金鸡上架""正钓鱼""反钓鱼""大撒把"等多种抖空竹的花样技巧。他还到欧洲、美洲表演，历时一年多，归国后在本村设空竹练功房收徒传艺。《天津文化艺术志》记载，新中国成立后，武清地区的抖空竹专业演员刘家武、于志良、曹学敏等成为天津杂技团的骨干力量。刘家武还创演了许多抖空竹的新技巧，如脱线转体720°、左右扑蝴蝶、大背剑转720°、抛高连续三次跳线接，以及"三打一"的传递等表演技巧，为丰富和发展抖空竹节目作出了贡献。

核桃：核桃也可以"盘"

老北京的四合院内，老槐树下，坐在藤椅上，听一曲西皮二黄，品一盏香茗，盘一对儿闷尖狮子头，是多么惬意的场景。

这里说的"闷尖狮子头"可不是美食，而是一种美器——文玩核桃。核桃原产于西域，汉张骞出使西域，把核桃引进中原，最初名为"胡桃"，又名"羌桃""万岁子""长寿果"。南朝梁陶弘景《名医别录》记载："此果出自羌湖，汉时张骞出使西域，始得终还，移植秦中，渐及东土……""羌湖"即现在的南亚、东欧及国内的新疆、甘肃和宁夏等地。319年，晋朝大将石勒占据中原，建立后赵。石勒是羯族人，因此他忌讳"胡"字，故将"胡桃"改名为"核桃"，遂延续至今。

核桃作为文玩，又被称为"掌珠"，大约起于汉朝，兴于唐宋，盛于明清。在明代，宫廷乐师为了锻炼手指的灵活性，经常把玩核桃。在文玩界，"把玩"称为"盘"。常年盘过的核桃红艳润泽有光亮，吸引了宫廷的王子皇孙，宫廷于是出现盘核桃的雅好，在明朝野史中有"玩核桃遗忘国事，朱由校御案操刀"的故事。1644年，八旗铁骑攻入山海关，入主中原，经过顺治、康熙、雍正三朝，清朝的统治地位逐渐稳定，于是刀枪入库，马放南山，旗人享受着铁杆庄稼，享乐之风日盛。上自皇帝、贝勒、贝子，下至普通旗人，逐渐改变了马背上英勇彪悍的性格，开始关注文玩。因统治阶层的喜好，清朝文玩界有"上五玩"与"下五玩"之说，上五玩包括文玩核桃、手捻葫芦、手串、菩提、玉石，下五玩包括紫砂壶、折扇、烟斗、鸟和鸣虫。这些文玩北京人统称为"玩意儿"。乾隆皇帝不仅喜欢诗词、书画，也非常喜欢核桃，还专门为之作诗："掌上旋日月，时光欲倒流，周身气血涌，何年是白头？""上有所好，下必甚焉。"乾隆爷如此钟爱核桃，王公、贝勒们必然竞相仿效，当时京城民谣曰："贝勒手上有三宝：扳指、核桃、笼中鸟。"每逢皇上或皇后的寿诞，大臣们往往会挑选精品核桃作为祝寿贺礼。末代皇帝溥仪在《我的前半生》中也提到了文玩核桃，书中写道，"在养心殿后面的库房里，我还发现了很多有趣的'百宝匣'，据说这也是乾隆放精巧小件珍玩的库。这种百宝匣是用紫檀木制的，外形好像一般的书箱，打开了像一道楼梯，每层梯上分成几十个小格子，每个格子里是一样玩物，例如，一个宋瓷小瓶，一部名人手抄的寸半本《四书》，一个精刻的牙球，一个雕着古代故事的核桃"。可见当时盘核桃的风气之盛。宫廷盘核桃之风逐渐影响到了民间，富商巨贾、文人雅士以盘核桃为时尚，有民谣曰："文人玩核桃，武人转铁球，富人揣葫芦，闲人去遛狗。"

如果说从天潢贵胄到普通庶民的喜爱为文玩核桃的横空出世提供了主观的心理需求，那么文玩核桃的产地则为京津冀地区文玩核桃盛行提供了客观条件。文玩核桃大的种类主要有三类：楸子核桃、铁核桃、麻核桃。楸子核桃，主要产于东北地区；铁核桃，主要产于云南、四川、西藏、贵州等西南地区；麻核桃，多精品、名品，主要产区在华北地区，包括北京、天津、河北、山西一带的燕山山脉及其支脉、太行山脉及其支脉。

其中麻核桃，产地主要分布北京的门头沟、平谷，天津的蓟州，河北的涞水、易县、涿鹿等。因其个（大小）、色（色泽）、形（形状，也称"桩型"）、质（质地）等方面均符合玩家的心理需求，且野生麻核桃产量稀少，于是成为玩家主要的收藏对象。种类包括狮子头、虎头、罗汉头、鸡心、公子帽、官帽等，又以狮子头、官帽、公子帽、鸡心为文玩核桃的四大精品。狮子头有南将石狮子头、闷尖狮子头、矮桩狮子头、高桩狮子头、马蹄狮子头、白蹄狮子头、苹果园狮子头、四座楼狮子头、盘龙纹狮子头等；官帽则以扁肚官帽为优；公子帽包括老款公子帽、崔凯公子帽、盘山公子帽等；鸡心核桃品种有普通鸡心、桃心、鸭嘴鸡心等。这

"官帽"核桃　　　　　　　"狮子头"核桃

些品种或以产地命名，如南将石狮子头、四座楼狮子头；或以形状命名，如马蹄狮子头、白蹄狮子头；或以发现、嫁接者命名，如崔凯公子帽。

上述文玩核桃之分类，仅为冰山之一角，未述及者甚多。在玩家中流传着一个顺口溜，较为全面地叙述了文玩核桃之分类，抄录如下：

红狮白狮四座楼，高桩麦虎罗汉头。平顶元宝菊花底，野生虎头要雄起。兴隆盘山苹果园，粗纹矮密货最全。蟠龙水龙百花山，磨盘马蹄霞云天。南疆佛肚窝窝头，老树小树买家愁。兜底菱脐十字尖，波浪纹路大宽边。河北帽子红皮袄，陕西帽子不太好。盘山公子赛崔凯，山西帽子用脚踩。鸡心嫁接不用说，夹板勒绳一火车。老铁异型有特点，却扔地下没人捡。三瓣大奔一道楞，平鱼蛤蟆到处蹦。秋子异型很不错，好多都是稀罕货。柳叶鸳鸯小花生，元宝枣核满天星。刺猬磨盘绣花鞋，灯笼软硬有分别。软灯上色特别红，硬灯发黄纹似虫。

民国时期，战乱不断，人们首先要解决衣食温饱问题，普通民众无力收藏、把玩核桃，一些出产文玩核桃的老树荒废了。如今，盘核桃之风逐渐恢复，一些年轻人也加入了盘核桃爱好者之中，文玩核桃的主要产地通过各种技术手段，虽取得了一定成果，但很多老树已无法复活，因此野生文玩核桃产量极低；所幸现代技术发达，通过人工培植、嫁接不仅恢复了一些老品种，同时也有一些新的品种出现。

盘核桃有文盘和武盘之分。所谓文盘是一对核桃在手中运转互不磕碰，讲究一个"静"字。这种盘法既不破坏核桃自身纹路，同时也不制造噪声。从锻炼的角度来讲，文盘核桃需要使用更大的力气，自然对手指的刺激更为明显；缺点在于出浆较慢。武盘核桃不在意核桃的碰撞，只是随心所欲地把玩。优点在于出浆较快，但容易损伤核桃的纹路。无论是文盘还是武盘，具体手法都包括：揉、捏、搓、压、扎、捏、蹭、滚等。经过一段时间的把玩之后，核桃的颜色逐渐发生变化，由最初的淡黄色或浅白色逐渐变为紫红色；不仅如此，核桃周身还逐渐出现包浆，这使得核桃色彩浓艳、光泽明亮、质感温润，成为名副其实的美器，具有较高的把玩和收藏价值。

葫芦：富贵吉祥的象征

在几千年的文明史中，小小的葫芦以其独特的魅力始终占据着一席之地，并形成了独特的葫芦文化。

我国种植葫芦的历史非常悠久。在浙江余姚河姆渡遗址发现了7000年前的葫芦及其种子，这是目前世界上关于葫芦的最早发现。在浩如烟海的文献资料中关于葫芦的记载也有很多，其名称众说不一，如"瓠""匏""壶""甘瓠""壶卢""蒲卢"等。

在上古神话中，葫芦生人。有学者认为："开天辟地"的始祖盘古的"盘"与"奭瓠（shìhù）"之"奭"古通用，"古"与"瓠"音近，"盘古"即为"奭瓠"，而"奭瓠"就是葫芦。中国人把伏羲、女娲认作自己的始祖。著名学者闻一多先生写作于20世纪40年代的《伏羲考》认为，伏羲、女娲就是葫芦的化身。葫芦还是救人的挪亚方舟。东西方文化中都有大洪水的传说，《圣经》里在洪水中拯救人类的是挪亚方舟；而在中国的大洪水传说中，幸存的人类是躲在葫芦中的。闻一多曾对各民族的49个洪水故事进行分析比较，发现以葫芦为救生工具的有 17 个。

在诸子百家中，葫芦还是辩论"大与小""有用与无用"的载体。惠子曾对庄子说，魏王赏赐给他一个葫芦种子，结出的葫芦可以装五石粮食，因太大而最终没有实用价值。庄子曰："夫子固拙于用大矣……今子有五石之瓠，何不虑以为大樽，而浮于江湖，而忧其瓠落无所容？则夫子犹有蓬之心也夫！"

在道教中，葫芦是有灵性的法器。《史记·秦始皇本纪》记载秦始皇派徐福到"海中三神山"的蓬莱、方丈、瀛洲寻找长生之法，而在东晋王嘉《拾遗记》中，把这三座神山改名为"蓬壶""方壶"和"瀛壶"，并说三神山"形如壶（葫芦）器"，这就使葫芦成了神仙栖息之地的象征。南朝宋范晔《后汉书·方术列传》中记载，道教人物费长房遇到一个被称为"壶公"的卖药老翁，壶公邀他进入一个悬挂着的葫芦里游历。东晋葛洪《神仙传》中则写道："入后不复是壶，唯见仙宫世界，楼观重门阁道。公（壶公）左右侍者数十人。"从此有了"壶中日月"和"壶天仙境"之说。如今赞誉医家悬壶济世之说即来源于此。西晋张华《博物志》载："庭州灞水，以金银铁器盛之皆漏，唯瓠叶则不漏。"南朝宋刘敬叔《异苑》云："西域苟夷国山上有石骆驼，腹下出水，以金银及手承之，即便对过（漏）；唯瓠芦盛之则得。"在《西游记》中太上老君装仙丹的器具是葫芦，八仙中铁拐李的法器也是葫芦。

葫芦

在婚俗中,葫芦是合卺(jǐn,古代婚礼用的酒器,以瓢为之)礼的起源。葫芦多子,因此是瓜瓞(dié,小瓜)绵绵的象征。古代夫妻洞房花烛要饮合卺酒。《礼记·昏义》中记载:"共牢而食,合卺而酳(yìn,吃东西后用酒漱口)。""卺"就是把一个葫芦分成两个瓢,以彩线相连,象征夫妻合体,多子多孙。在唐宋时期,合卺礼还衍生出了"交杯"的仪式,南宋孟元老《东京梦华录》中记载:"用两盏以彩结连之,互饮一盏,谓之'交杯酒'。饮讫,掷盏并花冠子于床下,盏一仰一合,俗云'大吉',则众喜贺,然后掩帐讫。"

在天津,新娘出嫁当天,接亲的队伍到来后,若父母、公婆健在,丈夫、子女俱全的中年妇女——全科("科"也作"可",读轻声)人帮着新娘换上大红的新内衣裤,穿上新婚礼服,然后由全科人或母亲、家中女性长辈给新娘开脸、上头。开脸上头的时候,新娘脚下要踩着两只"喜船"（船的模型），一只名曰"麒麟送子"，另一只则名曰"葫芦万代"。

在端午节俗中，葫芦还是驱邪的吉祥物。在俗信传统中，端午为"恶日""毒日"，需要祛毒辟邪，这就少不了带有"仙气"并象征着吉祥的葫芦。这一风俗在京津冀地区普遍流行。《燕京岁时记》中记载："又端阳日用彩纸剪成各样葫卢，倒粘于门阑之上，以泄毒气。至初五午后，则取而弃之。"《京都风俗志》中也记载："人家妇女以花红绫线结成虎形、葫芦、樱桃、桑椹及蒲艾、瓜豆、葱蒜之属，以彩绒贯之成串，以细小者为最，缀于小儿辫背间。"《津门杂记·岁时》中记载："初五日曰'端阳节'，有龙舟戏，居户门贴葫芦门符，插艾蒲。"

葫芦还是工艺品。其中以葫芦烙画、雕刻、押花、烫画较为常见。葫芦雕刻技艺传承遍布全国各地，北京，天津，河北秦皇岛，山东省聊城东昌府区，甘肃兰州、临夏等地均有传承。

葫芦雕刻在天津也具有比较广泛的群众基础，尤其是以赵锡荣为创始人的"葫芦庐"堪称一绝。清朝中后期至民国时期，在天津等地盛行融合"儒释道"三家教义的民间宗教"理教"，天津人称理教信徒为"在理儿"。据说，"在理儿"不拜菩萨拜葫芦。葫芦庐第二代传人赵广玺便负责当时天津在理组织的葫芦烙刻工作。葫芦庐也就随着这种民间宗教的传播而发展起来。1995年葫芦庐第三代传人赵学义，在传承前人葫芦烙画的基础上，研制出烙制葫芦的专业工具，如葫芦庐牌烙画机、烙画笔，并申请了10余项专利，还出口到美国、日本、加拿大、以色列等国家和地区。第四代传人赵伟申请葫芦专利19项，他掌握的葫芦制作工艺包括烙画葫芦工艺、范制葫芦工艺、押花葫芦工艺、雕刻葫芦工艺、挤扣葫芦工艺、彩绘葫芦工艺等。

天津的高氏押花葫芦制作技艺也独具特色。高氏押花葫芦制作技艺创始于清光绪三十三年（1907年），这种技艺是在不伤葫芦表层的前提下，用自制的玛瑙押刀结合运用刮、砑、擀、挤、按五项技法，把中国水墨画的韵味砑制在葫芦表皮上，具有明显的立体雕刻效果。

孙氏葫芦雕刻技艺是河北省秦皇岛市北戴河区土生土长的传统技艺，距今已有百余年的历史。孙氏祖先在家中院落种植葫芦，并根据个人爱好在葫芦上进行文字与画面的雕刻。如今，传承人孙卫东在完美继承祖传技法的基础上，广泛借鉴国内各大葫芦雕刻、彩绘派别的技艺，使作品更加生动传神、色彩艳丽，有着强烈的民族风格与突出的自家特色。在秦皇岛市昌黎县还有葫芦烫画技艺的传承。

京津两地喜欢养蛐蛐、蝈蝈等草虫者颇多，这又催生了一项制作草虫罐的技艺。《燕京岁时记》中记载："故秋日之蛐蛐罐有永乐官窑、赵子玉、淡园主人、静轩主人、红澄浆、白澄浆之别，佳者数十金一对。冬日之聒聒（蝈蝈）儿壶卢、油壶卢壶卢、佳者亦数十金一对，以紫润坚厚者为上，即所谓壶卢器者是也。"制作这种草虫罐以单肚型的葫芦为宜。用这种葫芦可以做成蒙芯葫芦罐儿，其制作工艺是天津市级非物质文化遗产，可以用来装蛐蛐、蝈蝈等草虫，冬天将其放在阳光充足的地方或揣在怀里，这样草虫可以过冬，即使在冬季也可以听到蛐蛐、蝈蝈清脆的鸣叫，给人带来一丝温暖。

关于葫芦的俗语非常多。"依葫芦画瓢"，比喻单纯模仿；"东扯葫芦西扯瓢"，指说话无章法；"抱住葫芦不开瓢"，比喻闷声不响；"留得葫芦籽，不怕无水瓢"，指说话做事，要留后路等；"按下葫芦起了瓢"，比喻问题一个接一个出现，使人顾此失彼；"没嘴的葫芦"，比喻不说话或很少说话的人。

保定铁球：保健佳品

河北省保定地区流传着一句谚语："保定府，三宗宝，铁球、面酱、春不老。"保定三宝之首就是铁球。保定铁球又称"健身球"，是保定地区传统的民间工艺品，也是保定人十分喜爱的体育活动器材。保定铁球至晚出现于明朝，最初只是民间赏玩和防身的器械，后来成为宫廷贡品。它的保健功能和艺术价值在使用中逐渐被开发出来。

在京津冀地区，尤其是保定地区，很多中老年人喜欢手拿铁球转动把玩，以达到保健目的。我国传统医学认为人体经络系统从里到外、互相联系而成为一个整体。人的每只手上都有六条经络连着头部和胸部，即所谓"十指连心"，并从这里通向全身。在手指末端、掌心以及手背等处的经络上，布满了许许多多敏感的穴位点。适度刺激这些穴位，可以改善和提高人体的生理功能，而健身球在手掌中转动，可以对人体穴位和经络产生不同程度的、有节奏的刺激，从而达到保健作用。长期把玩健身球，可以起到

第五章 休闲玩物多雅趣

疏通经络、调和气血、舒筋健骨、消除疲劳、提神消忧、益智健脑等作用。据清朝皇室大内档案记载，《四库全书》总纂官纪晓岚爱玩铁球，并向乾隆皇帝推荐铁球的好处，后来二人都长寿，乾隆皇帝活到89岁。著名国画大师齐白石也喜欢把玩铁球，这也是他长寿的秘诀之一。

关于保定铁球的由来还有一个传说。明朝，保定府有一个铁匠铺，掌钳的师傅姓王，人称"王铁匠"。王铁匠有一个女儿，名叫秀菊。秀菊貌美如花，被当地恶霸相中，抢至府中强纳为妾，秀菊誓死不从。此事被回乡探亲的宋御史得知以后，便将秀菊救出牢笼，使王铁匠家人团聚。3年后，王铁匠忽然听说恩人宋御史被当朝大太监刘瑾陷害入狱，所幸，刘瑾一党被铲除，宋御史才得以出狱，但是因为在狱中遭毒打，宋御史已经半身瘫痪，现在回乡养病。王铁匠想报恩，但是苦无良策，整日寝食不安。这一天夜晚，王铁匠梦见药王刘完素（字守真）赐给他"玩握去瘀，乐音安神"的八字真言，说罢飘然离去。醒来以后，王铁匠反复琢磨，忽然意识到宋御史半身麻木正是需要"去瘀"，但是"玩握"之物又是什么呢？"乐音安神"又该如何解释呢？王铁匠百思不得其解，渐渐困乏，梦中自己恍惚被带到一个铁匠铺。只见铁匠炉烧得正红，一个魁梧大汉正在打造一对铁球，顷刻间铁球打造成功。那一对铁球银光四射，照得屋内亮如白昼。王铁匠拿起铁球，在手里转动，叮当之声清脆悦耳，令人脑清神安；转动一会儿以后，有一股热流通遍全身，立刻感到周身舒爽。王铁匠此时恍然大悟：这是神仙教我救治宋御史的方法。王铁匠急忙拜倒要求学习打造铁球之法。那大汉说："我就是鲁班，今天把你带到这里就是要传授你打造铁球的方法，去搭救宋御史。"梦醒之后，王铁匠急忙开炉，和妻子打造铁球，经过三天三夜，终于锻造成功了一个铁球。那铁球，摇动起来，声音浑厚洪亮，与梦中所见的那个完全一样。王铁匠十分高兴，但是三昼夜的辛劳，也使他身心俱疲，无法掌钳，无奈之下，只得让他的妻子掌钳，继续锻造。又是三天三夜，第二个铁球出炉了，摇动之后，声音清脆悦耳。王铁匠将两个铁球拿在手中，像梦中那样摇动两个铁球。两个铁球所发出的声响一个清脆，一个浑厚，一高一低的乐音悦耳动听，让人神清气爽。王铁匠顾不上休息，连忙把铁球送到宋御史府上。宋御史十分喜欢，时时把玩，经过七七四十九天，宋御史竟然痊愈，又回到朝中做官。皇帝好奇宋御史重病何以痊愈得如此神速，宋御史就将王铁匠送给他铁球的事禀告给皇帝，皇帝大喜，下旨召王铁匠进宫，专门为皇家打造铁球。王铁匠在宫中不断改进锻造技术，打造出的铁球高低音协调一致，使人悦耳清心，这就是后人所称的"雌雄球"。

最初的保定铁球是实心的，雌雄球的出现大约是在清代。一位

第五章 休闲玩物多雅趣

保定铁球

宫廷铁匠发现实心铁球在把玩时相互撞击虽然能够发出清脆的金属乐音，但是声音比较单一。为了避免在把玩时因声音单调而使玩赏者感到枯燥，铁匠产生了一个大胆的想法——把音乐引入铁球中来，造出带有音响的铁球。经过反复实践，铁匠把实心球改制成内外两层的空心铁球，球内有球，并装有音板，两个为一副，声音有高有低。这样就形成了一高一低轻柔悦耳的乐音。玩赏者将双球置于手中，五指拨动，使之顺时针或逆时针旋转，一高一低两种乐音形成一种和谐的旋律，达到了乐音安神的效果。后来，这位铁匠告老还乡，落户在保定南郊西马池村，以制铁球为生。为保持产品名誉和专利，这位铁匠严守秘方，坚持自己生产，从不收徒，并且定下了只传子不传女的规矩，以防止将独门绝技传到外姓人手中。然而其末代传人只生一女，这个女儿聪明伶俐，反复要求父亲传授制球手艺。父亲恪守祖上规矩，不肯传授。女儿便在窗外偷窥学习。在老匠人去世之后，女儿出嫁，把绝技带到了夫家，另立门户，开了打造铁球的作坊。到清末，保定甘石桥已有几户制作这种雌雄铁球的作坊。

随着保定铁球在民间的流传，人们不断完善制造工艺，把玩的方法也不断创新，逐渐发明了"双球旋转""多球旋转""空中抛接""多人对接""上下滚动"等多种运动技巧。如今，高手可以一只手托多只铁球上下滚翻，表演出各种花样。保定有一位人称"托塔李天王"的李占春，能够同时玩转20多个铁球。他还有一手绝技：铁球不仅在掌心能转，还能在手背转。1985年，保定市举行了首届铁球表演评比大会，并组建了铁球技术表演队。表演队多次应邀到全国各地进行表演和技术辅导，把历史悠久的保定铁球运动传播到各地，甚至使其走出了国门，为保定铁球运动的普及开辟了新路。

六

百般兵器逞雄风

在冷兵器厮杀的时代，大刀长矛、干戈斧钺的碰撞是先民开疆拓土的雄浑乐章；金戈铁马、刀光剑影，是将士们气吞万里的英雄本色。每一杆长枪、每一把大刀、每一柄宝剑都诉说着一个个血与火、生与死的故事。

第六章 百般兵器逞雄风

宝剑：短兵之祖

宝剑，是重要的短兵器，有"短兵之祖""百刃之君""诸器之帅"等美誉。相传，轩辕黄帝锻造轩辕剑。东晋王嘉《拾遗记》记载，昔日黄帝伐蚩尤，陈兵于昆吾山，掘深百丈，犹未及泉，唯见火光如星。地中多丹，炼石为铜，铜色青而利。因此人们也称轩辕剑为"昆吾剑"。后来黄帝和蚩尤在冀州展开决战，黄帝手持轩辕剑指挥作战，调兵遣将，"令应龙攻之冀州之野。应龙蓄水，蚩尤请风伯、雨师纵大风雨。黄帝乃下天女曰'妖'，雨止，遂杀蚩尤"。（《山海经》）唐代王瓘《广黄帝本行记》曰："帝采首山之铜铸剑，以天文古字铭之。帝崩葬乔山，五百年后，山崩，室空，惟剑在焉。一旦亦失去。"因其"一旦亦失去"，此剑之有无便无从考证，它的存在便成了一个传说。

从黄帝时期到东周时期，冶炼技术不断发展，古人锻造青铜剑的技艺也日趋精湛。在西安市长安区张家坡、北京市琉璃河等地的西周时代墓中，都曾经挖掘出柳叶形青铜短剑。北京市琉璃河文化遗址经考古发掘确认是西周时期燕国都城的遗址，所出土的青铜剑虽非绝世珍宝，但它和其他文物共同见证了那段波诡云谲的历史，将北京的建城史上溯至3000多年前。

我国冶铁术大约发明于西周时期，而最迟在春秋早期已经出现制造铁剑的技术。但那时生铁冶炼技术尚不成熟，生产力也较为低下，那时的铁是含碳量很低的熟铁，质地很软，不宜作为兵器在战场广泛使用。先秦时期人们开始掌握生铁冶炼技术，汉代有"百钢法""炒钢法"，南北朝时期有"灌钢法"，明代出现的"苏钢法"至今在部分地区仍有使用。随着冶铁技术的不断发展，铁剑的铸造才逐渐普及。

春秋时期越国的欧冶子是铸剑的鼻祖。中国的名剑很多出自欧冶子之手。他受越王之命，花三年时间铸造了湛卢、纯钩、胜邪、鱼肠、巨阙五把宝剑，还受楚王之命与干将锻造了龙渊、泰阿、工布三剑。其中湛卢剑有"天下第一剑"之称。传说越王勾践被吴王夫差打败后，曾把湛卢、胜邪、鱼肠三剑献给吴王夫差求和，但因吴王无道，湛卢宝剑自行而去，到了楚国。为此，吴楚之间还曾大动干戈，爆发过一场战争。鱼肠剑也是天下名剑，专诸刺王僚所用的就是鱼肠剑。上文提到的干将是春秋时期的另一位铸剑大师，他与欧冶子为同门师兄弟（另有一说是欧冶子的徒弟、女婿，干将与妻子莫邪共同铸造了干将、镆铘二剑。中国的名剑

第六章 百般兵器逞雄风

故宫博物院藏品——剑

很多,除上文提到的这些以外,还有倚天剑、青钘剑、承影、步光、赤霄、紫电、越王勾践剑等。这些宝剑有的已消失在历史尘埃之中,有的现收藏于博物馆。武侠小说中,作者发挥了天马行空的想象力,创造了众多的名剑,仅金庸小说中就有玄铁剑、倚天剑、金蛇剑、紫藤软剑、君子剑、淑女剑、真武剑、凝碧剑、碧水剑等。

剑自产生之初,就为人们所重视,并有较为严格的规制。虽历代有所不同,但基本规律大体一致,即根据人的身高、体型锻造不同规制的剑,以便各适其用;士人的等级不同,佩戴不同的剑各适其制。宋代郑锷对此有较为详尽的论述:"人之形貌大小长短不一也,制剑以供其服,非直以观美,要使各适其用而已。故为三等之制,以待三等之士,俾随宜而自便焉。剑之茎其长五寸,剑身若五倍长其茎,则三尺也,重九锊,则重三斤十二两也,其长之极,重之至也,故谓上制。唯士之长而有力者,然后能胜之,故上士服之。剑身四其茎,茎之长则二尺五寸也,重七锵,则二斤十四两也,长短轻重得中焉,故谓之中制。唯人之得中者所宜服,故中士服之。若剑身止三其茎,则二尺耳,重止五锵,则二斤一两三分之中耳,轻而且短,故谓之下制。士之形短而力微者,可以服焉。"

自青铜剑始,剑的基本构造就已定型。剑主要由剑身与剑茎两部分组成,剑身前端称"锋",剑体中线凸起称"脊",脊两侧呈坡状称"从","从"外的刃称"锷",合脊与两从为"腊"。剑把称"茎"。茎主要有扁形与圆形两种。茎和身之间有的有护手的"格"。茎的末端常有圆形的"首"。茎上有的有圆形的"箍"。茎上常以绳缠绕,绳称为"緱"(gōu,剑柄上缠的绳)。剑鞘则谓之"室"。

剑最初作为长兵器的辅助,春秋时期已成为步兵的主要武器,其长度也有所增加。《吴越春秋·勾践伐吴外传》记载:"越王乃被唐夷之甲,带步光之剑,杖屈卢之矛,出死士以三百人为阵关下。"从这个记载可以推测,在吴越争霸的战争中,剑和矛一样是战场上重要的杀伤性武器。东汉时期,剑逐渐退出战场,主要用于佩戴、仪仗或强身、自卫之用。

剑还是身份的象征。东汉许慎《说文解字》中记载:"古者天子二十而冠带剑,诸侯三十而冠带剑,大夫四十而冠带剑,隶人不得冠，庶人有事则带剑，无事不得带剑。"《隋书·礼仪志》中详细说明了剑和佩戴者身份等级的关系："一品，玉器剑，佩山玄玉。二品，金装剑，佩水苍玉。三品及开国子男，五等散品名号侯虽四、五品，并银装剑，佩水苍玉，侍中已下；通直郎已上，陪位则象剑。带直剑者，入宗庙及升殿，若在仗内，皆解剑。一品及散郡公，开国公侯伯，皆双佩。二品、三品及开国子男，五等散品号侯，皆只佩。绶亦如之。"

剑不是武士的专利，古代的许多文人也佩戴长剑。孔子、子路、屈原、陈子昂、李白等均佩剑。李白更是对宝剑情有独钟。李白15岁便已经在峨眉学剑，自称"我家青干剑，操割有余闻"，他还曾拜剑圣裴旻为师，可见李白的剑术也非同小可，他在《赠从兄襄阳少府皓》中自述："托身白刃里，杀人红尘中。"据统计，在《全唐诗》中，李白在106首诗中出现了"剑"或剑的别称，其中出现"剑"字达107次之多。其他的文人墨客对于剑也是钟爱有加。杜甫有"佩剑冲星聊暂拔，匣琴流水自须弹"，辛弃疾有"鲸饮未吞海，剑气已横秋"。

剑还和舞蹈艺术密不可分。京剧《霸王别姬》中，垓下之战，项羽身陷重围，岌岌可危。项羽和虞姬饮酒悲歌。虞姬起舞宽慰，为解除项羽后顾之忧，舞剑后自刎。到了唐代，剑舞盛行。裴旻的剑舞与李白的诗、张旭的草书并称为"三绝"。唐代还有一位剑舞大家——公孙大娘。杜甫的《观公孙大娘弟子舞剑器行》中描绘公孙大娘的剑舞说："昔有佳人公孙氏，一舞剑器动四方。观者如山色沮丧，天地为之久低昂。㸌如羿射九日落，矫如群帝骖龙翔。来如雷霆收震怒，罢如江海凝清光。"

剑和其他的器物一样，同样对语言产生了重要的影响。剑的别称、雅号有很多，譬如"三尺"。《汉书·高帝纪》中记载，汉高祖曰："吾以布衣提三尺剑，取天下。"唐代李贺《春坊正字剑子歌》："先辈匣中三尺水，曾入吴潭轩龙子。"此外还有"长铗""楚铁""龙泉""青锋""太阿"等。这些别称，不仅丰富了汉语的词汇系统，而且为诗词创作中适应格律要求提供了必要条件。

"剑"出现在成语中更是普遍现象。如：唇枪舌剑、刀山剑岭、刀山剑树、刀光剑影、刀枪剑戟、风刀霜剑、故剑之求、借剑杀人、解剑拜仇、剑态箫心、剑气箫心、剑胆琴心、剑拔弩张、剑及履及、刻舟求剑、口蜜腹剑、琴剑飘零、琴心剑胆、十年磨一剑等等。

第六章 百般兵器逞雄风

匕首：短兵之王

公元前 227 年，燕太子丹率领一众宾客穿戴着白色衣冠送别即将赴秦的壮士荆轲和秦舞阳。高渐离在易水之侧击筑，荆轲和而歌曰："风萧萧兮易水寒，壮士一去兮不复还。"为阻止秦军进兵，燕太子丹请荆轲携秦舞阳到秦国刺杀秦王。荆轲二人携带秦国叛将樊於期的首级和燕国督亢（今河北省易县、涿州市、固安县一带）地图，进献秦王。献图时，图穷匕首见，荆轲刺秦王不中，被杀。

历史没有假设，即便荆轲成功，大约也无法改变秦国统一六国的结局。但是荆轲的失败却使一把匕首与其一起青史留名。这把匕首就是徐夫人匕首。徐夫人不是女人，而是姓"徐"、名"夫人"的男性。《史记·刺客列传·荆轲》中记载，燕太子丹使轲刺秦王，"豫求天下之利匕首，得赵人徐夫人匕首，取之百金。使工以药焠之。以试人，血濡缕，人无不立死者。乃装为遣荆卿"。司马贞索隐："徐，姓；夫人，名。谓男子也。""夫人"在古代用于男性人名并不少见，《汉书·郊祀志下》："丁夫人、雒阳虞初等以方祠诅匈奴、大宛焉。"颜师古注:"应劭曰:'丁夫人,其先丁复,封阳都侯。夫人其后,以诅军为功。'韦昭曰:'丁,姓;夫人,名也。'"这位徐夫人是战国时期的铸剑大师,以收藏锋利匕首闻名。

匕首作为近身格斗、刺杀的短兵器,历史已久。据传始于尧舜时期,到了夏朝已出现青铜匕首,战国时期因冶铁技术的发展改用钢铁制。司马贞在《史记·吴太伯世家》索隐中说:"刘氏曰:'匕首,短剑也。'"因其短小,便于隐藏,多用于近身突然袭击。荆轲将匕首藏于地图中,专诸则将匕首藏于鱼腹之中。

匕首的优势在于隐蔽性和灵巧性,是发动突袭、击杀对方的首选武器。西晋张载作《匕首铭》曰:"匕首之设,应速应近。既不忽备,亦无轻念。利用形彰,切以道隐。"历史上,以匕首搞突然袭击的还有很多。《史记·刺客列传》中有"曹沫执匕首劫齐桓公"。北魏时期,孝庄帝元子攸不满尔朱荣专权,光禄少卿鲁安、领军护卫李侃突然袭击尔朱荣,子攸趁机用匕首刺死尔朱荣。唐太宗时期,即墨人王君操为报父仇,将仇人李君则剖腹挖肝,用的也是匕首。文学作品中用匕首击杀敌人的故事更是精彩绝伦。《鹿鼎记》中,韦小宝使用匕首杀死了武功明显超过他的海大富。

匕首的优势在于短小,而这恰好也是它最大的不足,冷兵器作战讲究"一寸长一寸强,一寸短一寸巧"。像匕首这样的短兵器必须抓住恰当的时机一击毙命,否则很难成功。荆轲刺秦王之所

第六章 百般兵器逞雄风

匕首

以功败垂成，也在于此。在荆轲与秦王缠斗的过程中，一旦秦王拔出长剑，荆轲所占据的优势瞬间荡然无存，最终"秦王复击轲，轲被八创"，荆轲自知无法成功，只得"箕踞以骂曰：'事所以不成者，乃欲以生劫之，必得约契以报太子也'"。

历史上，除徐夫人匕首以外，还有很多有名的匕首。比如虞帝匕首，《汉书·王莽传》中记载："莽绀袀服，带玺韨，持虞帝匕首。"魏文帝曹丕命人锻造"清刚""扬文"两把百辟匕首和露陌刀一把，《典略》记载："魏太子造百辟匕首二：其一理似坚冰，名曰'清刚'；其二曜似朝日，名曰'扬文'。又造百辟露陌刀一，长三尺二寸，状如龙文，名曰'龙鳞'。"

从历史记载中看，匕首和短剑有着深厚的渊源，东汉《越绝书·越绝外传记宝剑》中有"阖闾又以鱼肠之剑刺吴王僚"。《辞海》中"匕首"一条中说："短剑。《史记·吴太伯世家》：'使专诸置匕首于炙鱼之中以进食,手匕首刺王僚。'司马贞索隐:刘氏曰:'匕首,短剑也。'按《盐铁论》以为长尺八寸。《通俗文》云:'其头类匕、故曰匕首。短刃可袖者。'"可见,匕首是短剑之一种。那么它又为什么被称作"匕首"呢?从文字学的角度看,"匕"的本义并非武器,而是吃饭用的"匙"。东汉许慎《说文解字》中对"匕"的解释为:"相与比叙也。从反人。匕,亦所以(用比)取饭,一名柶。凡匕之属皆从匕。"《大广益会玉篇》《广韵》《洪武正韵》都有和《说文解字》类似的释读。南朝宋范晔《后汉书·董卓列传》中记载了董卓的残暴令人发指,他曾大宴宾客,席间虐杀降者数百人,"先断其舌,次斩手足,次凿其眼目,以镬煮之"。宾客们都浑身战栗,乃至"亡失匕箸",而董卓却饮食自若。《三国志·蜀书·先主传》中也有"先主方食,失匕箸"的记载,上述两例中的"匕"都应训读为"匙"。那么为什么"匕首"称之为"匕首"呢?东汉服虔的《通俗文》一书中解释较为合理:"(匕首)剑属。其头类匕,短而便用,故曰'匕首'。"

  匕首作为一种器物,也丰富了我们的语言系统。口语中有"攮子",乃匕首的俗称,应是因匕首使用的基本动作而得名。在成语中,"图穷匕首见"比喻事情发展到最后露出了真相或本意。

战车：古代的装甲车

三家分晋结束了春秋时代，从此拉开了战国纷争的历史序幕。瓜分晋国的三家之一——赵国，其四境西有秦国，南有魏国，东有齐国，东北有燕国，北方则是林胡、楼烦、东胡、匈奴等游牧民族活动的地域。可谓四周强敌林立，尤其是北方的游牧民族更是彪悍异常。

赵武灵王时期，赵国的国势一度衰落，不断遭受周边国家和游牧民族侵扰。在对外战争中，赵国常常处于劣势，胜少负多，大将被擒，国土被侵占，甚至周边的小国中山国都时时与之发生摩擦。在和北方游牧民族的作战中，赵武灵王发现对方的窄袖短袄便于骑射作战，他们的骑兵、弓箭与中原的兵车相比，具有更大的灵活机动性，于是产生了学习游牧民族的服饰，改变以车战为主的中原作战方式的想法。《战国策·赵二》记载："今吾（赵武灵王）将胡服骑射以教百姓，而世人必议寡人矣。"《史记·赵世家》也记载赵王召楼缓谋曰："我先王因世之变，以长南藩之地，属阻漳、滏之险，立长城，又取蔺、郭狼，败林人于荏，而功未遂。今中山在我腹心，北有燕，东有胡，西有林胡、楼烦、秦、韩之边，而无强兵之救，是亡社稷，奈何？夫有高世之名，必有遗俗之累。吾欲胡服。"

与游牧民族骑兵作战不同，春秋时期中原各国仍然是以战车和步兵为主要作战方式。战车的起源目前尚无定论，主要有两种说法：一种是源自欧亚草原，另一种是本土说。欧亚草原使用战车的历史确实悠久，然而目前尚未在史料中发现战车传入中国的记载和明确、清晰的输入路径，我国的商周时期陡然出现成熟的战车的确有些突兀。据《吕氏春秋》记载夏末商汤与夏人战就使用了70辆战车。《史记·周本纪》记载，周武王率"戎车三百乘，虎贲三千人，甲士四万五千人"与商人战于牧野。从上述史料记载和考古发掘可以确定至晚在商代我国已经出现了战车。

春秋时期，车战是主要的作战方式。战车的多少成为一个国家军事实力的象征。春秋早期，诸侯国名义上拥戴周天子为天下共主，军队的数量也还遵守周代兵制的规定。一个诸侯国的战车一般不超过1000乘，故有"千乘之国"之称；卿大夫一般不超过100乘，即所谓"百乘之家"，那时如果拥有千乘战车就已经是一个军事大国了。到春秋后期，各国不断兼并，周天子名存实亡，诸侯国不断扩大自己的军事实力，晋楚这样的强国已经拥有战车

第六章 百般兵器逞雄风

战车

5000—6000乘，齐秦各有2000—3000乘，还出现了拥有近1000乘的卿大夫。《论语·先进》中子路回答孔子的问题时说："千乘之国，摄乎大国之间，加之以师旅，因之以饥馑，由也为之，比及三年，可使有勇，且知方也。"子路口中的"千乘之国"已经不过是一个中等大小的诸侯国而已。

　　古代的战车是木结构的，考古发掘中难以看到保存完好的实物。因此，古代战车的形制我们只能从古代典籍的文字记录中发掘。后来，考古学家陆续发现了很多随葬的车马坑，比如河南新郑郑国车马坑遗址博物馆的几个大型车马坑，大坑中殉葬的豪华车辆达到20余辆、马40余匹。正是由于考古的发现，我们对春秋时期战车的形制逐渐明晰起来。其形制大体如下：独辕（辀，指车辕），两轮，长毂；横宽竖短的长方形车厢（舆，指车厢），车厢门开在后方；车辕后端压置在车厢与车轴之间，辕尾稍露出厢后，辕前端横置车衡，衡上缚两轭用以驾马。

在战车的发展过程中，由最初的两匹马驾车最终形成了由四匹马驾车的基本范式。四匹驾马合称为"驷"，中间的两匹称"两服"，而左右的两匹称"两骖（cān）"。战车的人员配置为三个人，左方甲士持弓，主射，是一车之首，称"车左"，又称"甲首"；右方甲士执戈（或矛），主击刺，并有为战车排除障碍之责，称"车右"，又称"参乘"；居中的是驾驭战车的御者，只随身携带短剑以自卫。

除了上述用于冲锋陷阵、打乱敌方阵型的战车以外，还有一些具有特殊用途的战车。用于攻城的有云梯车、洞屋车、冲车。相传云梯车为鲁班所造，在《墨子·公输》中记载："公输盘为楚造云梯之械，成，将以攻宋。"洞屋车的上面相当于掩体可以抗矢石，下面可以挖掘破城。冲车适用于撞击城门、冲散敌方阵型，《荀子·强国》中有"渠冲"的记载，杨谅注："渠，大也，渠冲，攻城之大车也。"《战国策·齐策》中亦有"百尺之冲"的记载。用于防御的有塞门车、塞门刀车。塞门车在城门被撞开的时候，可作为临时性的城门，用以阻塞敌军。塞门刀车在塞门车的基础上进行了改进，锋利的刀刃形成移动的壁垒。此外，还有用于运输的流马、用于侦查的巢车等。

中原地区的诸侯国为什么选择以车战作为主要的战争手段？这和中原地区的地形、物产以及对战争的认识有关。首先，中原地区有广袤的平原适合车战。其次，我国虽然是世界上养马历史最悠久的国家之一，商周时期就已经掌握了成熟的养马技术，但是中原地区相对于西域、北方等地区适于作为战马的马种相对较少，因此，以车战和步兵作战为主就成了必然的选择。此外，中原地区以车战为主也和人们对于战争的理念有关。国之大事，在祀与戎。战争历来被诸侯乃至天子视为国家的头等大事，关乎国家的存亡。但是在春秋早期以前，人们对于战争的观念和春秋末期乃至以后几千年的认识大相径庭。春秋早期以前的战争崇尚道德、礼仪，那时的战争并不是以斩杀更多的敌方有生力量为主要目的，参战的将士以贵族为主体，因此制定了一套完整的战争礼仪。比如：要宣而后战，作战要师出有名，彼此约定战争的时间、地点，不能无故发动战争；发起战争"不加丧，不因凶"，即不能乘人之危；不鼓不成列，双方要摆好阵势才可交战，不能发动突然袭击；不以阻隘，不能在危险的地方设伏，交战地点必须选择平原；不擒二毛，作战时不能俘虏老年人；不重伤，不能给对手造成二次伤害；不逐北，对于败逃的敌人不能过度追击，追击以五十步为限。《左传·宣公十二年》记载了晋楚之间的一场大战——邲之战。这场战争晋国失败，在败逃的途中，晋军的战车陷在坑里不能前进，楚军追上来教晋军把战车前的横木拆掉。晋军拆掉横木继续逃跑，又跑了一会，马跑不动了，楚军追上来告诉晋军马车上的旗子兜风使阻力增强导致马的体力消耗过大，晋军把旗子丢掉继续逃跑。

从上述内容可以看出，在春秋早期，作战双方都受到战争道德和礼仪的约束。战国时期，中原诸侯国作战方式逐渐发生了变化，骑兵异军突起，逐渐取代了车战。之所以发生这样的变化，关键因素在于人们对于战争的认识逐渐发生了变化，大量杀伤敌方的有生力量成为战争的重要目的。清代顾炎武在研究春秋的战争后说："终春秋二百四十二年，车战之时未有杀人累万者。"而到了战国时期，大量杀伤敌人成为一种常态，一次战争杀伤敌军数万乃至数十万者不计其数，如秦赵长平之战，秦国坑杀赵军俘虏40余万人。"兵者，诡道也"逐渐取代了崇尚战争道德、遵守战争礼仪的观念，诡计和诈伪被正面肯定，战争的表演性被取消。正因为这种观念的变化，春秋末期宋楚两国的泓水之战中，宋襄公恪守战争礼仪的做法成为后世的笑柄，成为作战知兵、善用计谋的反例。由于作战理念的变化，战争地域也逐渐扩大，地形日趋复杂，由过去的单一平原作战转变为山地作战、平原作战兼而有之，因此车战已经不再适合作战的需要。

赵武灵王胡服骑射，不仅改变了车战的作战方式，还促进了我国文化、信仰、服饰的变化，促进了民族的融合。赵武灵王的胡服骑射改革，并没有使兵车迅速退出历史舞台。秦汉时期，战车在战场上还是重要的作战方式之一，仍然在战争中发挥重要的作用。秦汉之交，汉将樊哙以轻车和骑兵攻破雍南；汝阴侯夏侯婴善用战车，四次以战车突击立功；车骑将军灌婴以车骑追击项羽至东城。汉武帝时期北伐匈奴，与以骑射见长的游牧民族作战要以骑兵为主，中原王朝逐渐重视骑兵，战车于是逐渐退出了历史舞台。

枪矛：百兵之王

《三国演义》中常山（今河北正定）赵子龙一杆银枪百战百胜，燕人张翼德手持丈八蛇矛威风八面，河北名将张郃擅使五虎断魂枪。这几位三国名将，如果找一找他们的共同点，那就是他们都擅使长枪、长矛。

"枪"属于一种长柄的刺击兵器，有"百兵之王"的美誉。枪起源古代的车战。车战时代，以枪、矛、槊等适于刺击的长兵器为最适宜，故矛有丈八之称，枪的产生，实始于此。

对于"枪、矛"的概念，有人认为二者实为一体，也有人认为二者不同。不同之处在于其前端刃头的形状和大小。矛，头扁平，相对较长，怪异形状者较多，如蛇矛；枪，刃头相对较短，形状多为三棱形，亦有柳叶形和鸭嘴形。

枪主要由枪头、枪缨、枪杆三部分组成。枪头初为青铜，冶铁技术成熟以后枪头遂为铁制。枪缨又名"血挡"，有棕制，有头发制，有犀牛尾制。枪杆则有竹制、木制和铁制三种。竹木枪杆，柔韧性强，

第六章 百般兵器逞雄风

枪

舞动灵活，但战场交锋易于折断则是其致命弱点。《旧唐书·程知节传》记载邙山之战中，"行俨先驰赴敌，为流矢所中，坠于地。知节救之，杀数人，世充军披靡，乃抱行俨重骑而还。为世充骑所逐，刺槊洞过，知节回身捩折其槊，兼斩获追者，于是与行俨俱免"。铁制枪杆硬度高、质量重，杀伤力强，可以克服易折的缺点，但是马上作战对人冲击力极强，马的速度、枪的重量、敌方铠甲的阻力，对人臂力、腕力都是极大的挑战。

在枪的发展过程中，汉代枪、矛并存。《三国志》记载，在当阳长阪，张飞领二十骑断后，"飞据水断桥，瞋目横矛曰：'身是张益德也，可来共决死！'敌皆无敢近者，故遂得免。"赵云的兵器在正史并无明确记载，《三国演义》中的描述赵云手持龙胆枪，腰配青釭剑；《三国志平话》中"赵云使一条枪名曰'涯角枪'，海角天涯无对"；元杂剧《刘玄德独赴襄阳会》中"赵子龙手持着牙角枪"；京剧中，赵云的枪为素缨铲头枪。张郃的兵器在正史中也无明确记载，但是《三国志》中所记载的武将在突围时大多使用矛。到了晋代，矛逐渐为枪所取代。唐、五代时期善用枪的名将较多，其中不乏善用铁枪的猛将。五代后梁有一名将叫王彦章，军中号"王铁枪"。923年，后唐大举进攻后梁，王彦章不降被杀。《新五代史·王彦章传》记载："为人骁勇有力，能跣足履棘行百步。持一铁枪，骑而驰突，奋疾如飞，而他人莫能举也。"

宋代枪更为普及。宋代曾公亮的《武经总要》就列举了18种宋代长杆铁枪，其中有捣马突枪、双钩枪、环子枪、单钩枪、拐枪、拐突枪、锥枪等。不仅如此，人们使用枪的技法更加精妙。《宋史》中记载抗金义军首领李全"以弓马矫捷，能运铁枪，时号'李铁枪'"，他的妻子杨氏妙真擅使梨花枪，"二十梨花枪，天下无敌手"。明代戚继光《纪效新书》中说："长枪之传，始于杨氏，谓之曰'梨花'，天下咸尚之。妙在乎熟，熟则心能忘手，手能忘枪，圆精用不滞。又莫贵于静，静则心不妄动，而处之裕如，变幻莫测，神化无穷，后世鲜有得其奥者。"

宋代除了杨家枪法以外，还有抗金名将岳飞的岳家枪。《宋史·岳飞传》记载："居数日，复遇敌，飞单骑持丈八铁枪，刺杀黑风大王,敌众败走。"在说书艺人口中,岳飞的枪的来历更是精妙绝伦:他在泉边力杀巨蟒,得到宝枪——沥泉蟠龙枪。在老英雄周侗的传授下,岳飞练就出神入化的枪法。不仅如此,岳飞还巧妙使用钩镰枪大破金军的拐子马。钩镰枪是在枪头锋刃上有一个倒钩的长枪,它的倒钩可以划伤奔驰的战马。金军善于在正面部队的两侧安排骑兵从侧翼包抄突袭,且这种战术屡试不爽,而岳飞发挥了钩镰枪的特长大破金军的拐子马。

明清两代,在战争中出现了火药,冷兵器虽仍然占据主导地位,但是火器已开始萌芽。明代毕懋康《军器图说》记载了一种可以喷火烧灼的梨花枪,并说明梨花枪"以梨花一筒,系缚于长枪之首,发射数丈,敌着药昏眩倒地,火尽则用枪刺敌"。这虽只是热兵器的萌芽,但是也说明了冷兵器时代逐渐式微。不过,枪在武术界依然蓬勃发展。在竞技武术中,杨家枪、岳家枪、六合枪异彩纷呈。在文学作品中,更是演绎出无数精妙绝伦的枪法,姜家枪、罗家枪、杨家枪、高家枪……彼此相互纠缠,演绎出无数悲欢离合的故事。仅《隋唐演义》中就有"对花枪""罗成单枪破双枪"等精彩故事。

刀：百兵之霸

燕山脚下的天津市蓟州区，有一个颜家村，那里有一句谚语叫"提起关羽人人恨"。据说这个村以颜姓为主，为颜良同宗。颜良是后汉三国时期袁绍的部将，是当时威震三军的河北猛将。孔融对他的评价是"勇冠三军"。《三国演义》中描述：官渡之战，颜良进攻白马，曹操以中郎将张辽、偏将军关羽为先锋，迎战颜良；关羽手持青龙偃月刀斩颜良于马下。在冷兵器时代，"刀"被称为"百兵之霸"，可见其在战场上的威力。如此威力巨大的兵器，在战争史、武术史及文学史上，为后人留下了许多脍炙人口的故事。

商周时期，出现了青铜刀具，但是青铜刀有致命的弱点，那就是硬度不够，易折，不适于作为战场的主要杀伤性武器。西汉时期，由于钢铁冶锻技术的进步，开始出现新型的钢铁刀。钢铁刀克服了青铜刀的弱点，可以劈、砍、刺，逐渐成为战场的主要制式兵器之一。刀作为单刃的冷兵器，在使用方法上可以分为单手刀和双手刀，前者刀柄较短，攻击范围较小；后者刀柄较长，攻击范

第六章 百般兵器逞雄风

围也随之扩大。从形制上划分，刀的种类繁多，不同时代，有不同的刀。

汉代出现环首刀。这种刀既可以用作步兵的单手刀，也可以用作双手刀。骑兵使用这种刀劈砍的杀伤力也远胜于宝剑。南朝梁陶弘景在《古今刀剑录》中描述，孙权在黄武五年（226年）造剑十口、刀万口。可见，刀已经是当时战场的重要兵器。《三国演义》作为表现东汉末年战争题材的小说，关于刀的情节数不胜数。比如"曹操献刀"。曹操与司徒王允定计刺杀董卓。在曹操手持七星刀准备刺杀董卓时，因为反光而被发现，曹操随机应变，托献刀之名逃离而保全了性命。《三国演义》中，出现次数最多、最著名的刀，就是关羽的青龙偃月刀了。关羽手持青龙偃月刀斩颜良、诛文丑，过五关斩六将，单刀赴会，屡建奇功。京剧传统剧目中还有《灞桥挑袍》，演绎的是关羽为千里寻兄不辞而别，曹操追至灞桥并赠以锦袍，为避免中计，关羽马上挑袍，扬长而去的故事。可以说青龙偃月刀成就了关羽的威名，但是，关羽的兵器真的是青龙偃月刀吗？从史料记载看，关羽所用的兵器应不是刀。《三国志·蜀书·关张马黄赵传》中记载："绍遣大将（军）颜良，攻东郡太守刘延于白马。曹公使张辽及羽为先锋击之。羽望见良麾盖，策马刺良于万众之中，斩其首还；绍诸将莫能当者，遂解白马围。"关羽"刺良于万众之中"而不是"劈良于万众之中"，其中有什

刀

么玄机？从骑兵作战的发展史来看，骑兵必须依靠马镫保持身体的平稳，然而马镫最早出现于北魏时期，汉代战马尚无马镫，将士们只能双腿夹住马肚，一手抓住缰绳才能保证在奔驰中不摔落马背。这种条件之下，即便关羽是神力，他骑在马上也难以挥舞八十二斤（约合现代的41斤）的青龙偃月刀。

唐代，刀已有四种制式。《唐六典·卫尉宗正寺》载："《释名》曰：'刀，到也，以斩伐到其所乃击之也。其末曰锋，其本曰环。'今仪刀盖古班剑之类，晋、宋已来谓之御刀，后魏曰长刀，皆施龙凤环；至隋，谓之仪刀，装以金银，羽仪所执。鄣刀盖用鄣身以御敌。横刀，佩刀也，兵士所佩，名亦起于隋。陌刀，长刀也，步兵所持，盖古之断马剑。"

在北宋曾公亮、丁度合著的《武经总要》中，介绍了手刀、掉刀、屈刀、掩月刀、戟刀、眉尖刀、凤嘴刀、笔刀等八种刀。《水浒传》中梁山英雄常用的武器也是刀。大刀关胜、打虎英雄武松，使用的都是刀；杨志落魄之时在汴梁城卖刀而误杀泼皮牛二。宋代还出现朴刀。朴刀是一种木柄上安有长而宽的钢刀的兵器，但朴刀并不是军队制式武器，而是民间使用的防身武器。《水浒传》中宋江怒杀阎婆惜之后，避难时随身携带的防身武器就是朴刀。

明代，出现了戚家刀。相传，戚继光指挥明军抗击倭寇，发现明军所配腰刀难以抵御倭寇的倭刀。于是，戚继光组织人员在汲取倭刀的锻造技术及形制的优长的基础上加以改进，发明了戚家刀，并研习出了一套"鸳鸯阵法"，改变了明军对付倭长刀时"短器难接，长器不捷"的局面。

抗战期间，刀是中国军人的军魂。国民革命军第二十九军的大刀队在喜峰口夜袭日军，大展雄威。作曲家麦新创作了《大刀进行曲》，"大刀向鬼子们的头上砍去"的歌词激励了无数中华儿女前仆后继浴血奋战。

中国的刀种类繁多，上述所列举的刀，不过是冰山一角，难免挂一漏万。此外，还有鸣鸿刀、龙雀刀、百辟刀、苗刀、雁翎刀等。刀不仅出现在战场上，还出现在武侠小说里。诸如古龙的《萧十一郎》中的割鹿刀、《圆月弯刀》中的圆月弯刀、《小李飞刀》中李寻欢的小李飞刀，金庸《倚天屠龙记》中的屠龙刀、《书剑恩仇录》中的鸳鸯刀等。

斧钺：军权的象征

在冷兵器时代，斧是重要的兵器，与钺并称为"斧钺"。二者形制相似，钺的刃部更宽阔，呈半月形，大多用作礼兵器。与斧钺同属的还有"戚"，戚比钺体型略窄，也是大多作为礼兵器出现。《礼记·文王世子》中说："大乐正舞干戚。"斧则是一种在战场上极具杀伤力的武器。

在历史上有很多使用斧、钺、戚的人物。《山海经·海外西经》中记载："刑天与（黄）帝至此争神，帝断其首，葬之常羊之山。乃以乳为目，以脐为口，操干戚以舞。"妇好是殷商时期商王武丁的皇后，也是我国有史以来第一位女将军，她协助武丁开疆拓土立下了不世之功，她的武器就是钺。1976年安阳殷墟妇好墓出土了青铜大钺，大钺重9公斤，呈斧形，刃口为弧形，钺身两面靠肩处均饰虎扑人头纹，威猛异常。在民间传说或者文学作品中，三国时期魏国五子良将徐晃、唐朝开国大将程咬金、北宋名将孟良都是善用斧钺的良将。其中以程咬金的三板斧最富传奇色彩。

第六章 百般兵器逞雄风

钺

在《隋唐演义》中程咬金凭借三板斧屡立奇功。玄武门之变后，李世民继位，程咬金历任泸州都督、左领军大将军、原州都督、幽州都督，是李世民的得力干将，后封卢国公，图形于凌烟阁，是凌烟阁二十四功臣之一。程咬金常年镇守幽州，幽州治所在今北京，所辖区域包括幽州、蓟州、易州、定州、沧州等地。

除了程咬金以外，演义小说中使用斧钺的猛将还有很多。仅《水浒传》中就有索超、李逵等，二人均与京津冀地区颇有渊源。索超绰号叫急先锋，本来是北京大名府（今河北省邯郸市大名县）留守司正牌军，惯使一把金蘸斧，勇冠三军。《水浒传》第十三回"急先锋东郭争功　青面兽北京斗武"中描写了他与青面兽杨志的一场恶斗，文中写道："两马相交，二般兵器并举。索超忿怒，抡手中大斧，拍马来战杨志。杨志逞威，抬手中神枪，来迎索超。两个在教场中间，将台前面，二将相交，各赌平生本事。一来一往，一去一回，四条臂膊纵横，八只马蹄缭乱。"

为什么使用斧钺的战将大多是猛将？这和斧钺的形制有着密切关联。斧钺形体硕大，非臂力过人者不能使用；在战场上斧钺可以通过"劈、剁、搂、抹、云、片"的技法给敌方造成极大的杀伤，令人望而生畏。因此，使用斧钺的战将多以勇猛著称，其中也不乏嗜杀者，如黑旋风李逵。李逵在江州劫法场抡起板斧逢人便砍，在三打祝家庄时更是将已投降的扈三娘一家灭门，文中写道："正嗟叹间，闻人报道：'黑旋风烧了扈家庄，砍得头来献纳。'宋江便道：'前日扈成已来投降，谁教他杀了此人？如何烧了他庄院？'只见黑旋风一身血污，腰里插着两把板斧，直到宋江面前，唱个大喏，说道：'祝龙是兄弟杀了，祝彪也是兄弟砍了。扈成那厮走了。扈太公一家都杀得干干净净。兄弟特来请功。'宋江喝道：'祝龙曾有人见你杀了，别的怎地是你杀了？'黑旋风道：'我砍得手顺，望扈家庄赶去，正撞见一丈青的哥哥，解那祝彪出来，被我一斧砍了。只可惜走了扈成那厮。他家庄上，被我杀得一个也没了。'"在天津蓟州区有一个传说，《水浒传》中的扈家庄就在蓟州区。在蓟州区有一地名曰"小漫河"，当地流传俗谚说"小漫河四奇，八卦街、玄帝阁、七座桥、八座庙"。小漫河村原为一圆形村落，方圆500米，村内旧有"九桥、七庙、玄帝阁、八卦街"，均按八卦阵势排列。八卦街，指村内的九条街道按八卦阵势排列，纵横交错，弯道极多，且多数是90°的直角，加上路径狭窄，最窄处仅容一人行走，街道两侧被房屋和围墙遮挡，很难确定方向，行人入内如身在迷宫，极易迷失方向。据当地民间传说，元末明初施耐庵曾游历蓟州，甚至上过蓟州的翠屏山，为创作《水浒传》积累了素材。由此推测小漫河可能是宋江三打祝家庄的祝家庄原型，附近还有大小扈驾庄，也许是扈家庄的原型。

　　斧钺不仅在战场上发挥着巨大的作用，还是王权的象征。在一些特殊场合，它是帝王彰显自身权威的"信物"。君王赐臣子以黄钺，便如同天子亲临，付与臣下以"专擅之权"。《礼记·王制》有云："赐鈇钺，然后杀。"据《三国志》统计，汉末三国时期的假节钺者有：董卓、曹操、司马懿、诸葛亮、关羽、陆逊、曹真、曹休、曹爽、夏侯尚、于禁、满宠、司马昭。三国蜀汉章武三年（223年），诸葛亮率众南征，后主下诏"赐亮金鈇钺一具"，诸葛亮得刘禅"付之以专命之权"，以此掌控三军。而夏侯尚、满宠等人之所以能假节钺，是因他们需要都督地方，以便于行事。

弓箭：古代的远程兵器

相传，张挥发明了弓箭。河北省邢台市清河县古称"青阳"，在这里有一座张氏族人寻根祭祖的圣地祠堂，它就是庄严恢宏的华夏张氏祖庭。清河张姓的得姓始祖是黄帝之孙、少昊第五子张挥。张挥本姓姬氏，初名般，字玉爵，号天禄。在华夏文明形成之初，代表中原文明的炎黄部落和东夷九黎氏部落发生了一场旷日持久的战争。炎黄部落的首领是黄帝，九黎部族的首领就是蚩尤。九黎部落当时掌握了先进的冶炼技术，制造出大量的青铜兵器，蚩尤凭借自己武器的优势多次打败了炎黄部落的军队。黄帝十分恼怒，命张挥创造兵器来辅助战争。张挥在夜晚观测弧星，看见弧星的形状，突生灵感创造弓矢（即弓箭），用来辅助战争。黄帝的军队凭借弓矢掌握了战场的主动权，最终在涿鹿地区与蚩尤展开决战，最终打败蚩尤。蚩尤军队不敌，败亡入海，被黄帝诛杀。涿鹿也在河北省境内，即今河北省张家口市涿鹿县。涿鹿之战后，黄帝在涿鹿"合符釜山"，定都涿鹿，创下了"千古文明开涿鹿"

第六章 百般兵器逞雄风

的千秋伟业。

张挥因发明弓箭有功，而被赐姓张氏，封清阳侯，拜弓正（掌管弓箭的官位）之职。明代张宪等《张氏统宗世谱·得姓郡望》载："吾张姓之得姓者，自轩辕黄帝第三妃彤鱼氏之子，曰挥。观弧制矢，赐姓张氏，官封弓正，主祀弧星，据尹城国之青阳，后改清河郡，此张姓得姓之由。"又载："挥……世居青阳。"

关于弓箭的起源还有东夷说。东夷人生活在齐地，长期以渔猎为生。齐地物产丰美，又濒临大海，是富庶之地，因此经常受到外来部族的侵扰，东夷人战争频繁。正是长期的渔猎生产和不断的战争，使东夷人成为军事经验丰富、能征惯战的部族，并且发明了弓箭。《说文解字》解释"夷"字曰："夷，东方之人也，从大从弓。"《说文通训定声》云："夷，东方之人也。东方夷人好战好猎，故字从大持弓会意，大人也。"

弓箭究竟是何人发明的，目前尚难定论，但是我国使用弓箭的历史有将近3万年的历史了。1963年，在山西朔县的峙峪遗址发现了一批石镞。经放射性碳素测定年代，这批石镞距今28000多年。在浙江省杭州市萧山城区西南的跨湖桥遗址，出土了一把漆弓。这张弓长121厘米，弓身采用桑木边材制作，表面涂有生漆，是我国目前出土的最早的弓，经碳-14和热释光年代数据的科学测定，这张弓距今约8000年。

在弓箭的发展过程中，人们逐渐总结出了很多弓箭制作的工艺。弓是弓箭发射的动力机制，在春秋时期就已经形成了一套完整的制作工艺，《周礼·考工记·弓人为弓》中对制弓技术做了详细的总结。该篇将"干、角、筋、胶、丝、漆"合称为"六材"。"干"用以制作弓臂的主体，《周礼·考工记》中注明：干材以柘木为上，次有檍木、柞树等，竹为下。"角"制成薄片贴于弓臂的内侧，以50厘米左右的水牛角为佳，北方没有水牛，则以羊角代替。"筋"贴于弓臂的外侧，以牛筋为首选。"胶"用以黏合干材和角筋，常用的有鹿胶、马胶、牛胶、鼠胶、鱼胶、犀胶。"丝"，即丝线，用来缠绕弓管，使之更为牢固。"漆"涂于制好的弓臂，起到防腐的作用。弓的制作工艺自春秋以后并没有本质的改进；但是，弩的发明应是弓箭的一大进步。相对于弓箭，弩箭射程更远，杀伤力更强。"弩"至晚在战国时期就已经出现了。《战国策·韩策一》："天下强弓劲弩，皆自韩出，溪子、少府、时力、距来，皆射六百步外。"《释名·释兵》中说："弩，怒也，有执怒也。其柄曰'臂'，似人臂也。钩弦者曰'牙'，似齿牙也。牙外曰'郭'，为牙之规郭也。下曰'县刀'，其形然也。含括之口曰'机'，言如机之巧也，亦言如门户之枢机开阖有节也。"三国时期，诸葛亮对弩箭加以改进，出现了连弩。《三国志·蜀书·诸葛亮传》说："亮性长于巧思，损益连弩，木牛流马，皆出其意。"这种连弩也叫"元戎"，可以一次性将10支箭放在一个弩槽里，扣一次弩机，就可由箭孔向外射出一支，弩槽中的箭随即又落下一支，这样可以连续射出10支弩箭。

箭相当于现代枪械的子弹，是借助弓弩发射而出的杀伤性武器。箭由箭头、箭杆、箭羽三部分组成。箭头，又名"箭镞"（zú，箭头）。箭镞大致经历了石器时代的石制或骨制箭镞、商周时期的青铜箭镞以及后来的铁制箭镞几个时代。其式样有三菱形、三角形、圆锥形等，刃薄而锋利，旁边开槽。箭杆以木、竹制成，为圆柱形，嵌于箭头之下。箭羽一般用鹏鹘等巨禽翅制成，夹于箭杆尾端，作用在于保持箭在飞行中的平稳性以准确命中目标。箭的形制、特点各有不同，因此又有不同的名称，约数十种，如"飞凫""飞虻""无扣箭""无羽箭白羽""鸣镝""金仆姑""鈚箭""杀矢""号箭"等。

自弓箭产生之日始，在神话传说、历史典故中，出现了很多的神射手。诸如射日的后羿、楚国大将养由基、飞将军李广、辕门射戟的吕布、蜀汉五虎将黄忠等等。其中飞将军李广的神射颇具传奇色彩。李广是陇西成纪人，其先祖李信为秦国名将，李广家世代熟习射箭。李广历任上郡、陇西、北地、雁门、代郡、云中、右北平郡太守等职，皆以力战为名。李广镇守上郡时，匈奴大举进犯，汉武帝命中贵人（宦官）随军督战。这些中贵人带领数十

弓　　　　　　　　　　　弓箭

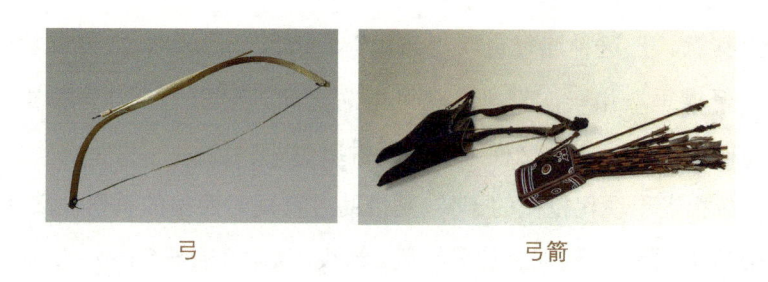

骑与三个匈奴人相遇。匈奴人射伤中贵人，几乎全歼了数十汉军。中贵人逃归大营，面见李广。李广说："是必射雕者也。"李广带领百余骑追击，李广亲自射杀了两个匈奴射雕者，生擒一个。后来，李广调任右北平太守。《史记·李将军列传》中记载，在右北平任上，李广出猎，"见草中石，以为虎而射之，中石没镞，视之石也。因复更射之，终不能复入石矣。广所居郡闻有虎，尝自射之。及居右北平射虎，虎腾伤广，广亦竟射杀之"。右北平辖境相当于今内蒙古自治区宁城县、河北省承德市、天津市蓟州区以东（长城南的滦河流域及其以东除外），辽宁大凌河上游地区。李广射虎的故事在秦皇岛市卢龙县世代流传。相传坐落在卢龙城南六里之处，称为"虎头唤渡"的古渡口，就是李广射虎之地。2009 年，河北省秦皇岛市卢龙县申报的"李广射虎的历史传说"入选河北省第三批省级非物质文化遗产名录。

第六章 百般兵器逞雄风

弓箭的发明,丰富了我国传统文化礼制的内涵。射箭不仅是一项生产、军事技能,还是古代贵族教育的重要内容——"六艺"之一,是古代礼乐制度的重要内容。《周礼·地官司徒·保氏》中记载,"射"分为"五射"。据郑司农说,五射指白矢、参连、剡注、襄尺、井仪五种射法。《论语·八佾》中说:"君子无所争,必也射乎,揖让而升,下而饮,其争也君子。"孔子认为,"射"不但是杀敌卫国的技术,更是一种修身养性的体育活动。《礼记·射义》中说:"射者,仁之道也。射求正诸己,己正而后发。发而不中则不怨胜己者,反求诸己而已矣。"意思就是,在射箭的对抗中,胜者不足骄,败者则要从自身找原因,而不应对胜己者产生怨愤之念。这不正是现代体育竞技的基本原则吗?在古代射礼分为大射、宾射、燕(宴)射、乡射四种。《说文解字》中说,"射"从"寸","寸,法度也"。每一种射礼都有一定的仪式要求、礼仪规范。由此,我们可以推测,篆书中把"射"字原来字形中的"弓"变为"身",把"又"(手)变为"寸",不是简单的讹变,而是强调"射"是一种讲究身心法度规范的竞技运动,是以修身养性为目的的。

"射"在古代不仅指射箭,还指"投壶"。投壶把箭投向壶里,按投中次数多少决定胜负的竞技游戏。司马光《投壶新格》说:"其始必于燕饮之间,谋以乐宾,或病于不能射也,举席间之器以寄射节焉。"由此可知,投壶是由于场地因素或个人因素的限制不能安放靶子，因此把射的目标改为"壶"。《左传·昭公十二年》载："晋侯以齐侯宴，中行穆子相，投壶。"在两国诸侯宴饮中也举行投壶，可见，投壶在春秋时代已成为一种正规礼仪。后来投壶大多在文人宴集时举行，欧阳修《醉翁亭记》中说"射者中，弈者胜"，这里的"射"就是指"投壶"。

无论是以靶子为目标的射箭，还是宴饮时的投壶游戏，在古代都是一种讲究礼仪的竞技活动，都是上流社会生活的重要内容，是贵族阶层必备的技能，因此才是学校教育的重要科目。这种以培养贵族子弟为目的的教育固不足取，但对于我们现代的教育还是有一定的借鉴意义的。我们的教育不是培养贵族的精英教育，但是我们的平民生活中也同样需要高雅的生活方式。

后 记

随着最后一个句号的落下,我完成了《京津冀器物史话》这本书的撰写。回首这段旅程,心中充满了感慨与收获。这本书不仅是对京津冀地区丰富物质文化遗产的一次梳理,更是我对这片土地深厚历史文化的热爱与敬畏的体现。

在撰写过程中,我深入研究了京津冀地区的各类器物,从古老的陶器、青铜器,到精美的瓷器、玉器,再到具有地方特色的民间工艺品,每一件器物都承载着丰富的历史信息和独特的地域文化。通过深入挖掘这些器物背后的故事,我更加深刻地理解了京津冀地区的历史变迁和文化传承。

本书的编写得到了丛书主编谭汝为先生(同时也是我的恩师)、周醉天先生,丛书策划之一耿学明先生等许多专家学者的指导和帮助,他们的宝贵意见使我在学术上受益匪浅。同时,我也要感谢故宫博物院文物管理处原处长梁金生先生及其堂弟梁元先生,两位先生从繁多的故宫文物图片中精选了几十幅精美的图片作为本书的插图。此外我还要感谢天津市杨柳青画社刘岳书记，天津泥人张彩塑工作室、泥人张第六代传人张宇先生，河北省霸州市胜芳镇红光小学刘雪霜校长，北京华韵天章文化传播有限公司朱建华总经理及其工作人员，他们为本书提供了大量的精美图片。这些图片不仅使本书图文并茂，并且提升了它的文化品位。

《京津冀器物史话》的完成并不意味着研究的结束，相反，它只是一个新的开始。我希望通过这本书，能够引起更多人对京津冀地区历史文化的关注和兴趣，共同推动这一领域的研究和发展。同时，我也期待在未来的日子里，能够继续深入探索这片土地上的历史文化瑰宝，为传承和弘扬中华优秀传统文化贡献自己的力量。

最后，我要感谢所有支持和关心这部作品的朋友们。你们的关注是我前进的动力，你们的支持是我最大的荣幸。希望《京津冀器物史话》能够成为你们了解京津冀历史文化的一扇窗口，也希望我们能够共同见证这片土地上的文化繁荣和发展。

参考文献

[1] 沈从文. 沈从文说文物·器物篇[M]. 北京：中信出版社，2017.

[2] 陈连营，陈渔. 图说中国文化·器物卷[M]. 长春：吉林人民出版社，2015.

[3] 练春海. 制器尚象：中国古代器物文化研究[M]. 桂林：广西师范大学出版社，2021.

[4] 徐中舒. 古器物中的古代文化制度[M]. 北京：商务印书馆，2015.

[5] 朱法元，夏汉宁. 中国文化ABC：器物与生活[M]. 南昌：江西人民出版社，2018.

图书在版编目（CIP）数据

京津冀器物史话 / 赵华著. -- 秦皇岛：燕山大学出版社，2025.5. --（燕山史话丛书）. -- ISBN 978-7-5761-0762-3

Ⅰ.K875

中国国家版本馆 CIP 数据核字第 20245BZ509 号

京津冀器物史话
JINGJINJI QIWU SHIHUA
赵 华 著

出 版 人：陈 玉	图书策划：陈 玉 耿学明 董世非
责任编辑：刘 阳	版式设计：柳 萌
责任印制：吴 波	封面设计：吴 波
出版发行：燕山大学出版社	电 话：0335-8387555
地 址：河北省秦皇岛市河北大街西段 438 号	邮政编码：066004
印 刷：涿州市殷润文化传播有限公司	经 销：全国新华书店

开 本：880 mm×1230 mm 1/32	印 张：9.25
版 次：2025 年 5 月第 1 版	印 次：2025 年 5 月第 1 次印刷
书 号：ISBN 978-7-5761-0762-3	字 数：177 千字
定 价：70.00 元	

版权所有　侵权必究

如发生印刷、装订质量问题，读者可与出版社联系调换

联系电话：0335-8387718